Mikael Agricolan rukouksia

Rukous sairaiden puolesta

Herra Jumala! Sinun varassa on meidän elämämme jokainen hetki. Kuule meitä, kun huudamme sairaiden puolesta avuksi sinun laupeuttasi. Anna meille armosi ja elävän Pyhän Henkesi voima, että me kaikissa vaivoissa ja vastoinkäymisissä tuntisimme sisäisesti ja ulkonaisesti sinun isällisen tahtosi.

Rukous kärsimyksissä

Laupias Lunastaja! On suurta laupeutta, että salliessasi meille kärsimyksiä, sinä niiden avulla kuin tehokkaalla lääkkeellä parannat meitä sisäisesti ja ajallisten tuskien kautta valmistat meitä iankaikkiseen iloon. Tämän autuuden tien sinä näytit meille omalla esimerkilläsi. Sinulle olkoon ylistys ja kiitos iankaikkisesti.

Kiitosrukous Jumalan avusta

Suuri Jumala! Olen jo kauan sitten kuullut sanastasi ja olen siitä varma, että sinä olet niiden luona, jotka uskossa huutavat sinua hädässään. Sinä et hylkää heitä, vaan annat voiman kantaa ristiä. Siitä he sinua sydämestään kiittävät ja ylistävät, ettei heidän myöhemminkään tarvitse epäillä sinun apuasi Kristuksen, meidän Herramme kautta. Aamen!

Esittely

Olen pastori Erkki Viinikainen. Jäin Joutsan seurakunnasta eläkkeelle keväällä 2014. Olin papin työssä työurani kymmenen viimeistä vuotta. Ensin olin suunnittelutöissä rakennusinsinöörinä parikymmentä vuotta, mutta 1990 -luvun lama vei työ- paikkani. Sen jälkeen opiskelin Helsingin yliopistossa teologian maisteriksi. Kun ikää oli jo paljon, niin piti mennä kauemmas Helsingistä saadakseni papin paikan. Hoidin sijaisuuksia Lauritsalassa 2004, Mikkelissä 2005, Valkealassa 2006 kunnes sain vakituisen papin työn Joutsan seurakunnasta ja siihen kuuluvasta Luhangan kappeliseurakunnasta.

Luhangan kirkon 120 v juhla 1.9.2013
Kuva: Joutsan kanttori diplomiurkuri Aki Rämö

Hartauskirjoituksista

Kirjassa on hartauskirjoitus vuoden jokaiselle viikolle uudenvuodenpäivästä jouluun ja juhlaaikoina hartauksia voi olla useita. Jokainen kirjoitus perustuu Raamatun tekstiin ja sunnuntain kirkolliseen teemaan, jonka mukaan myös kirkoissa saarnataan. Tämä on jatkoa kirjani ensimmäiseen ja toiseen osaan. Tässä käytetyt Raamatun tekstit ovat kirkkovuodessa ns. kolmannen vuosikerran tekstejä.

Hartauskirjoitusten muoto perustuu siihen, että lähes jokaisessa kirjoituksessa on jokin opetus tai tekstiä valaiseva yksityiskohta. Tämä minulle tyypillinen opetuksellinen piirre juontuu pro gradu tutkimuksestani: Saarnan opetus kuulijan kokemana vuodelta 2000. Tutkimukseni osoitti, että vähän yli kolmannes kaipaa tällaista opetuksellista piirrettä saarnaajilta.

Martti Luther oli sitä mieltä, että jos käy koko vuoden jumalanpalveluksissa, eikä tiedä vuoden lopussa yhtään enempää kuin alussa, niin jotain on pielessä. Hartauskirjoituksiani ei saa käyttää kaupallisiin tarkoituksiin, mutta muuten tätä kirjaa saa käyttää ja lainata niin paljon kuin haluaa.

Helsingissä 10.9.2019
Erkki Viinikainen

Uudenvuodenpäivä

Jeesuksen nimessä

Uudenvuodenpäivän aiheena kirkon jumalanpalveluksissa ovat sanat ”Jeesuksen nimessä.” Paavali kirjoittaa Filippiläiskirjeessään: ”Jumala on korottanut hänet yli kaiken ja antanut hänelle nimen, kaikkia muita nimiä korkeamman. Jeesuksen nimeä kunnioittaen on kaikkien polvistuttava, kaikkien niin taivaassa kuin maan päällä ja maan alla, ja jokaisen kielen on tunnustettava Isän Jumalan kunniaksi: Jeesus Kristus on Herra.” Jeesuksen nimen lausuminen oli Paavalille uskontunnustus. ”Jos sinä suullasi tunnustat, että Jeesus on Herra, ja sydämestäsi uskot, että Jumala on herättänyt hänet kuolleista, olet pelastuva. Sydämen usko tuo vanhurskauden, suun tunnustus pelastuksen.”

Paavali ei kuitenkaan liittänyt Jeesuksen nimeä pelkästään iankaikkisen elämään. Hän tahtoi tehdä aivan kaiken Jeesuksen Kristuksen nimessä: ”Mitä teettekin sanoin tai teoin, tehkää kaikki Herran Jeesuksen nimessä.”

Mikään asia ei ollut Paavalille niin vähäinen, etteikö sitä olisi voinut tehdä Herran nimeen. Kiitos tätä pyhää nimeä kohtaan oli ensimmäisenä hänen huulillaan: ”Kiittäkää aina ja kaikesta Jumalaa, Isää, meidän Herramme Jeesuksen Kristuksen nimessä.”

Alkukristityille Jeesuksen nimi oli osa jokapäiväistä uskonelämää. Jeesuksen nimeen vedoten he saarnasivat ja paransivat sairaita. He eivät pelänneet tunnustaa Jeesuksen nimeä ja julistaa hänen sanaansa. Voimme kysyä itseltämme: Onko Herran nimi se, johon arjessani turvaudun? Siunaanko lähimmäiseni Herran nimessä? Rukoilenko aidolla sydämen uskolla ja Herran pelastavaan nimeen luottaen? Jeesus sanoo: ”Missä on aarteesi, siellä on myös sydämesi.”

Varjelkaamme Vapahtajamme nimeä tänäkin vuotena. Psalmissa sanotaan: Ylistäkäämme suullamme Herraa! Antakoon Herra viisautta ja sydämen uskoa, että elämme näiden Raamatun sanojen mukaan tästä eteenpäin. Siunatkoon sinua kaikkivaltias Jumala Isän, Pojan ja Pyhän Hengen nimeen!

Loppiainen

Betlehemin tähti

Valolla on tärkeä merkitys Raamatun teksteissä. Esimerkiksi Simeon julisti Jeesus-lapsesta: "Minun silmäni ovat nähneet sinun pelastuksesi, jonka olet kaikille kansoille valmistanut, valon, joka koittaa pakanakansoille, kirkkauden, joka loistaa kansallesi Israelille." Valo liittyy myös loppiaisen sanomaan, jossa muistamme itämaan tietäjiä. He lähtivät seuraamaan taivaalle syttyneen kirkkaan tähden valoa. Tietäjät uskoivat tähden merkitsevän, että uusi juutalainen kuningas oli syntynyt. Jerusalemissa tietäjät saivat varmasti aikaan melkoista hämmennystä etsiessään uutta kuningasta. Eniten asiasta hämmästyi itse kuningas Herodes.

Tietäjien usko ei näyttänyt loppuvan, kun he saapuivat Betlehemin seimen äärelle. He uskoivat vastasyntyneen Jeesuksen olevan Israelin kansalle luvattu Messias. Tietäjät löysivät todellisen elämän valon, Jeesuksen. Vanhan testamentin ennustukset olivat täyttyneet.

Jeesus itse sanoo itsestään: "Minä olen maailman valo, se joka seuraa minua ei kulje pimeässä vaan hänellä on elämän valo."

Tätä Vapahtajan evankeliumin valoa kaipaa tämän ajan maailma. Pimeyttä on langenneen ihmiskunnan synti ja epäusko. Synnin seurauksina saamme kuulla koko ajan uutisia sodista ja terrorismista. Jopa Herodeksen suorittama lastenmurhan uhrien määrä on vähäinen, jos sitä vertaa vaikkapa viime vuosina sodissa kuolleisiin lapsiin.

Milloinka kristinuskon ja valistuksen järjen valo loistaisi sinne, missä soditaan lakkaamatta siitä, kuka on oikeassa ja pääsee valtaan? Rukoilkaamme loppiaisen rukous! Jumala, sinä olet Isämme. Sinä sytytit yötaivaalle tähden, joka opasti itämaan tietäjät Betlehemiin. Anna tähden loistaa myös meille, anna sen loistaa kaikille sinua etsiville. Kiitos, Isä, että olet valinnut meidät. Kiitos, ettei kukaan ole sinulle merkityksetön. Kiitos, että olet lähellä kaikkia, jotka sydämestään huutavat sinua. Anna meidän tuntea läsnäolosi. Tätä rukoilemme Herramme Jeesuksen Kristuksen nimessä.

Kasteen lahja

Tämä mies on Jumalan Poika

Johannes Kastaja näki, että Jeesus oli tulossa hänen luokseen. Johannes sanoi: ”Katsokaa: Jumalan Karitsa, joka ottaa pois maailman synnin! Hän on se, josta sanoin: 'Minun jälkeeni tuleva kulkee edelläni, sillä hän on ollut ennen minua.' Minäkään en tuntenut häntä, mutta juuri sitä varten olen tullut kastamaan vedellä, että Israel saisi tietää, kuka hän on.” Kaikki Vanhan testamentin uhrit viittasivat Jumalan Karitsaan, joka ottaisi pois maailman synnin. Nyt tuli karitsa, joka oli tarkoitettu koko maailmalle. Johannes Kastaja tiesi olevansa Jeesuksen edelläkävijä. Hänkin oli saanut tehtävänsä Jumalalta, mutta hänen palvelustyönsä oli alemmalla tasolla kuin Pojan korkea tehtävä.

Johanneksen kaste oli parannuksen kaste. Ei Jeesus mitään parannusta tarvinnut, mutta hän perusteli Johannekselle kasteelle tulemistaan sanomalla: ”Älä nyt vastustele. Näin meidän on tehtävä, jotta täyttäisimme Jumalan vanhurskaan tahdon.” Jeesukselle kasteelle meneminen oli kuuliaisuuden teko, sen tien aloittamista, joka johti hänet Golgatalle kuolemaan meidän syntiemme tähden.

Kirkkomme tunnustuksen mukaan kaste vaikuttaa syntien anteeksisaamisen, vapahtaa kuolemasta ja antaa iankaikkisen autuuden, kuten Katekismus asian eri raamatunkohtiin perustuen määrittelee. Meille kaste on siis armonväline eli Pyhän Hengen työvälinen ihmisen pelastamiseksi. Kaste sisältää lahjan, Kristuksen. ”Kaikki te, jotka olette Kristukseen kastetut, olette Kristuksen päällenne pukeneet”, sanotaan Raamatussa.

Johannes Kastaja sanoi, että hän ei ensin tuntenut Jeesusta. Hän oli kastanut ehkä tuhansia ihmisiä, joista hän oli etsinyt sitä merkkiä, jonka Jumala oli hänelle luvannut. Sitten tuli Jeesus, ja hän näki merkin kyyhkysen muodossa. Jumala täytti lupauksensa, Pyhä Henki laskeutui ja jäi Jeesuksen ylle. Tähän Johannes päätti todistuksensa Jeesuksesta ja sanoi: ”Minä olen sen nähnyt ja todistan, että tämä mies on Jumalan Poika.”

Jeesus ilmaisee jumalallisen voimansa

Kotikaupunki torjuu Jeesuksen

Jeesus tuli Nasaretiin, missä hän oli kasvanut, ja meni sapattina tapansa mukaan synagogaan. Hän nousi lukemaan Jesajan kirjasta: "Hän on lähettänyt minut ilmoittamaan köyhille hyvän sanoman, julistamaan vangituille vapautusta ja sokeille näkönsä saamista, päästämään sorretut vapauteen." Hän kääri kirjan kokoon, antoi sen avustajalle ja istuutui. Kaikki, jotka synagogassa olivat, katsoivat tarkkaavasti häneen. Hän alkoi puhua heille: "Tänään, teidän kuultenne, on tämä kirjoitus käynyt toteen."

Näin Jeesus esitti lohdutuksen lupauksia kärsiville ihmisryhmille. Ensimmäiseksi on ilmoitus köyhille hyvästä sanomasta. Sana köyhä tarkoittaa myös hengellisesti köyhiä. Jeesus lähestyy myös heitä, jotka ovat osattomia vapaudesta. Hän tarkoittaa sekä fyysisesti vankeja että sisäisesti synnin orjuuttamia. "Jokainen, joka tekee syntiä, on synnin orja. Jos siis Poika tekee teidän vapaiksi, te tulette todellisesti vapaiksi.” Jeesus muistaa myös sokeita, sekä fyysisesti sokeita että hengellisesti sokeita. Jeesus ennen kaikkea halusi antaa synnin sokaisemalle ihmiselle sisäisen näkökyvyn. Ilman hengellisen sokeuden paranemista ei ihminen saa lopullista apua vaivaansa.

Jeesuksen lopetti saarnansa ennen kuulumattomaan sanomaan: ”Tänään teidän kuultenne on tämä kirjoitus käynyt toteen.” Olisi ollut kiinnostava kuulla vielä vähän lisää, kun varsinainen saarna oli vain tuon yhden lauseen pituinen. Sanoman vastaanotto oli ristiriitainen. Ensiksi evankeliumissa sanotaan, että ”Kaikki kiittelivät häntä ja ihmettelivät niitä armon sanoja, joita hänen huuliltaan lähti.” Kun Jeesus viittasi, että hän on se Vanhassa testamentissa luvattu Messias, se ei enää kelvannut kuulijoille. He joutuivat raivon valtaan ja ajoivat Jeesuksen ulos kaupungista. Jeesus sanoi kuuluisat sanansa: ”Ei kukaan ole profeetta omalla maallaan.” Näin se on edelleen meidänkin aikanamme. Toiset uskovat ja toiset hylkäävät Jeesuksen sanoman.

Jeesus herättää uskon

Jeesus parantaa Pietarin anopin

Synagogasta he menivät suoraan Simonin ja Andreaksen kotiin. Jaakob ja Johannes olivat mukana. Simonin anoppi makasi kuumeessa, ja hänestä kerrottiin heti Jeesukselle. Jeesus meni hänen luokseen, otti häntä kädestä ja auttoi hänet jalkeille. Kuume lähti naisesta, ja hän alkoi palvella vieraitaan. Markuksen mukaan Pietari on avioitunut ja muuttanut appivanhempiensa taloon Kapernaumissa. Tämä talo on nyt tapahtumapaikkana, kun Pietarin anoppi oli sairastunut kovaan kuumeeseen.

Meillä jokaisella on kokemus kuumeesta, joku voi ajatella, miksi tämä on niin erityistä, että se on kirjoitettu Raamattuun muistiin. Kun näin on tehty, Pietarin anopin tilanne on ollut hyvin vakava ja äkillinen parantuminen on ollut ihmeellinen. Evankelista Luukas täydentääkin Markuksen kertomusta siten, että Pietarin anoppi oli kovassa kuumeessa. Luukas, joka oli lääkäri, kirjoittaa omassa evankeliumissa vielä Markusta tarkemmin: Jeesus kumartui hänen ylleen ja käski kuumetta, ja se lähti hänestä. Heti paikalla nainen nousi jalkeille ja alkoi palvella vieraitaan. Ihmeellistä oli se, että anoppi oli välittömästi terve. Kuumeestahan parannutaan aina pikku hiljaa.

On varmaa, että tämä tapahtuma herätti uskoa Jeesukseen sekä Pietarin anopissa että jokaisessa, joka siinä kodissa näki parannusihmeen. Mutta tämä oli vasta uskon heräämisen alkua. Huhu anopin paranemisesta alkoi nyt levitä kaikkialle kaupunkiin ja ihmisiä virtasi paikalle.

Tästä on valaisevaa lisätietoa Luukkaan evankeliumissa, jossa on sanottu näin: Monien kotona oli joku sairaana, kuka missäkin taudissa. Sairaat tuotiin Jeesuksen luo ja hän pani kätensä jokaisen päälle ja paransi heidät. Tästä voimme päätellä, että Jeesus paransi kymmeniä tuona iltana. Heistä ja heidän sairauksistaan ei vain mainita sen enempää. Jeesuksella, Jumalan Pojalla, oli voima ja valta parantaa sairaudet.

Ansaitsematon armo

Vertaus arvottomista palvelijoista

Jeesus esitti vertauksen. "Jos teillä on palvelija kyntötöissä tai paimenessa, niin ettehän te hänen kotiin palatessaan sano: Käy pöytään, saat heti ruokaa. Ei, te sanotte: Laita minulle syötävää, vyötä vaatteesi ja palvele minua sen aikaa kun syön ja juon. Sitten saat sinä syödä ja juoda. Ei palvelija siitä saa kiitosta, että hän tekee, mitä hänen tulee tehdä. Niinpä tekin, kun olette tehneet kaiken, mitä teidän tulee tehdä, sanokaa: Me olemme arvottomia palvelijoita. Olemme tehneet vain sen, minkä olimme velvolliset tekemään."

Tämän tekstin aihe sisältää kaksi tärkeää sanaa: armo ja ansaitsematon. Teksti keskittyy jälkimmäiseen sanaan, ansaitsematon. Ymmärrämme, mitä ansaitsematon tarkoittaa. Se on sitä, että jokin asia saadaan lahjaksi. Mutta mitä ansaitsematon tarkoittaa hengellisessä mielessä ja armon yhteydessä, sitä kannattaa kerrata. Jumala on asettanut meihin lain tunnon ja se onkin ihan oikein. Tämä lain tunto saattaa kuitenkin eksyttää meitä ajattelemaan, että me voimme jotenkin hyvittää Jumalaa. Se puolestaan voi johdattaa meidät helposti väärällä tavalla jotenkin itse ansaitsemaan armoa.

Kertomus pellolta palaavasta palvelijasta vaikuttaa alkuun melko tylyltä. Vertaus kertoo paljon sen ajan elämästä. Oli rikas yläluokka, jolla riitti palvelijoita ja jopa orjuus oli ihan tavallista. Orja teki, mitä isäntä käski, koska hän oli isännän omaisuutta. Tämä vertauksen asetelma kuvastaa ihmisen ja Jumalan välistä suurta eroa. Vanhempi raamatunkäännös kuvailee palvelijaa tässä kohdassa sanalla ansioton eikä arvoton. Tuo vanha käännös kuvaa paremmin asiain tilaa. Mehän emme ole arvottomia Jumalalle mutta sen sijaan me olemme ansiottomia. Jumalalle me kaikki olemme arvokkaita, olemme hänen luomia ja se ei voi olla huonoa. Tämä vertaus ehkä auttaa meitä pitämään mielessämme, että ansaitsematon merkitsee uskon osalta puhdasta lahjaa.

Kynttilänpäivä

Simeon ja Hanna

Nimitys kynttilänpäivä juontaa siitä keskiaikaisesta tavasta, että silloin vihittiin vuoden aikana kirkossa käytettävät kynttilät. Meillä ei enää vihitä kirkon kynttilöitä. Kynttilät kuvastavat Kristuksen läsnäoloa. Meillä kirkoissa on aina sitä enemmän kynttilöitä, mitä tärkeämpi kirkollinen pyhä on. Arkipyhinä on vain kaksi kynttilää ja muina juhlapyhinä neljä. Jos alttarilla on kuusi kynttilää, niin silloin on erityisen tärkeä pyhä.

Kynttilänpäivän raamatullisena aiheena on Jeesus lapsen tuominen temppeliin ja jumalallinen kirkkaus, joka hänessä tuli maailmaan ja ilmestyi meille. Siunatessaan lasta ja hänen vanhempiaan vanha Simeon ylistää Jumalaa pelastuksesta, jonka hän on valmistanut kaikille kansoille, ja valosta, jonka hän on antanut loistaa kansalleen Israelille. "Herra, nyt sinä annat palvelijasi rauhassa lähteä, niin kuin olet luvannut. Minun silmäni ovat nähneet sinun pelastuksesi, jonka olet kaikille kansoille valmistanut." Valo loistaa Jeesuksesta Kristuksesta ja hänen evankeliumistaan. Simeon yhdistää profetiallaan Vanhan testamentin Uuteen. Vanha on saanut täyttymyksensä.

Simeonin lisäksi temppelissä oli Hanna. Hänestä tiedämme vielä vähemmän kuin Simeonista. Hän oli ollut nuorena naimisissa, mutta avioliitto oli kestänyt vain seitsemän vuotta. Hannan ikä mainitaan Luukkaan evankeliumissa. Hän oli 84 vuoden ikäinen. Hanna ei väsynyt palvelemasta temppelissä: ”Hanna ei poistunut temppelistä minnekään, vaan palveli Jumalaa yötä päivää rukoillen.”

Hänellekin suotiin temppelissä tämä hetki, kun Jeesus tuotiin temppeliin juutalaisen tavan mukaan neljänkymmenen päivän ikäisenä. Vanhan Simeonin pitäessä sylissään Jeesus lasta Hanna tuli paikalle. Hän kiitti ja ylisti Jumalaa lapsesta kaikille. Hannan elämän keskipiste oli Messiaan odotus. Nähdessään Jeesus lapsen hän tiesi, että Jumalan kansan pitkä odotus oli päättynyt. Kirjoituksissa luvattu Messias oli tullut.

Laskiainen

Jumalan rakkauden uhritie

Edellinen otsikko viittaa laskiaissunnuntain kirkolliseen aiheeseen. Laskiaisena Jeesuksen julkinen toiminta saavuttaa käännekohtansa. Hänen tiensä vie kohti kärsimystä ja kuolemaa. Laskiaisen evankeliumissa Jeesus ja opetuslapset ovat matkalle Jerusalemiin. Jeesus kertoo selkeästi, mitä päivän teema Jumalan rakkauden uhritie tulisi tarkoittamaan hänen osaltaan: ”Me menemme nyt Jerusalemiin, ja Ihmisen Poika annetaan ylipappien ja lainopettajien käsiin. He tuomitsevat hänet kuolemaan ja luovuttavat hänet pakanoille, ja nämä pilkkaavat ja sylkevät ja ruoskivat häntä ja tappavat hänet. Mutta kolmen päivän kuluttua hän nousee kuolleista.”

Hänen uhritiensä kulki kohti pääsiäistä ja ristinkuolemaa meidän hyväksemme. Kun me uskomme siihen, että Jeesus kulki Jumalan rakkauden uhritien puolestamme, niin toivottavasti se antaa meille kokonaan erilaisen näkökulman lähimmäisenrakkauteen. Mahdolliset omat ponnistelumme ja uhrauksemme

lähimmäisen hyväksi ovat keveämpiä kantaa, jos muistamme, mitä Jeesus on tehnyt meidän hyväksemme. Hän sanoo: ”Jos joku tahtoo kulkea minun jäljessäni, hän kieltäköön itsensä, ottakoon ristinsä ja seuratkoon minua. Sillä se, joka tahtoo pelastaa elämänsä, kadottaa sen, mutta joka elämänsä minun tähteni kadottaa, on sen löytävä.” Kun olemme tämän asian painaneet mieliimme, niin tiedämme, että raskaillakin tapahtumilla on merkitys elämässämme. Emme ole yksin vaan todellinen uhritien kulkija on aina rinnallamme. Silloin jaksamme jatkaa oman ristimme kantamista. Me saatamme jälkikäteen jopa kiittää Jumalaa siitä, että olemme joutuneet kulkemaan jotain uhrauksia vaativaa raskasta elämänpolkua.
Jeesus sanoo: ”Joka tahtoo teidän joukossanne tulla suureksi, se olkoon toisten palvelija." Jumalan valtakunnassa todellinen suuruus ilmenee nöyryytenä ja rakastavana palveluna. Tässä hän itse on meille esikuva, kun hän päättää laskiaisen evankeliumin opetuksensa sanoihin: ”Ei Ihmisen Poikakaan tullut palveltavaksi, vaan palvelemaan ja antamaan henkensä lunnaiksi kaikkien puolesta.”

Jeesus kiusausten voittaja

Varjele meitä kiusauksilta

Laskiaisen jälkeen alkaa paastonaika, jonka pituus on neljäkymmentä arkipäivää ennen pääsiäistä. On hiukan vaikea nähdä, kuinka paastoaminen lähentäisi meitä Jumalaan ja siksi se on jäänyt luterilaisuudessa lähes kokonaan pois. Sen sijaan paastonaika kutsuu meitä tutkimaan itseämme ja tarkistamaan omaa elämätapaamme ja kiusauksiamme, jotka erottavat meidät yhteydestä Jumalaan. Jeesus joutui kiusauksiin, josta Markus kirjoittaa näin: ”Henki ajoi Jeesuksen autiomaahan. Neljäkymmentä päivää hän oli autiomaassa Saatanan kiusattavana. Hän eli villieläinten joukossa, ja enkelit pitivät hänestä huolta.” Hän torjui kiusaukset joka kerta Jumalan sanan avulla.

Kuka tahansa voi joutua kiusaukseen, mutta kiusaukset on tarkoitettu voitettaviksi. Luther sanoo: "Kiusauksia on kolmenlaisia. Meitä kiusaavat liha, maailma ja paholainen." Jo tämän jaon tietäminen ja sen uskominen voi auttaa meitä varjeltumaan turhilta kiusauksilta. Lutherin käyttämä "liha" tarkoittaa omia mielihalujamme ja itsekkyyttämme. Kiusauksen sisältönä on hyöty tai nautinto, itsensä korottaminen, eteenpäin pääseminen väärillä keinoilla, Jumalan käskyistä piittaamatta ja lähimmäisestä välittämättä. Siinä ihminen asettaa itsensä Jumalaa viisaammaksi, tekee itsestään ja omasta menestymisestään kaiken mittarin. Moraali hämärtyy, ja sitä puolustellaan sillä, että kaikkihan tekevät samalla tavoin. Me emme myöskään tule onnellisiksi, jos juoksemme maailmassa jokaisen mielihalun perässä. Niitä kyllä riittää tässä ajassa.

Martti Luther opettaa meille, että Jumalan sallimat kiusaukset voivat olla meille hyväksi. Niillä meidän uskoamme vahvistetaan. Uskoa voidaan sanoa vahvaksi vasta silloin, kun vastoin kaikkea järkeä sydämessä uskotaan sellaista, mitä ei nähdä eikä ymmärretä. Meidän tulee olla valmiita kärsimään vastoinkäymisiä ruumiin ja sielun, omaisuuden ja kunnian puolesta. Sellaisissa tilanteissa me joudumme kiusaukseen tehdä väärä ratkaisu. Siksi rukoilemme Isä meidän rukouksessa, että Jumala ei antaisi meidän joutua kiusauksiin ja antaisi voiman taistella niitä vastaan.

Rukous ja usko

Kuuleeko Jumala rukoustamme

Jeesus kehotti rukoilemaan Isää hänen nimessä. Jeesus antoi opetuslapsilleen suuren lupauksen: ”Mitä ikinä te pyydätte Isältä minun nimessäni, sen hän antaa teille.” Me olemme jokainen joutuneet elämän varrella miettimään juuri tuota lausetta, jossa Jeesus lupaa, että Jumala antaa meille kaiken, mitä vain pyydämme. Voimmeko olla varmoja siitä, että tulemme kuulluksi?

Monta kertaa meitä ja läheisiämme on kohdannut epäonnistumiset tai vastoinkäymiset joskus vuodesta toiseen. Joku saa kärsiä koko elämäänsä ajan. Miksi Jumala lupaa, että saamme kaiken mitä pyydämme, jos emme kuitenkaan saa?

Minusta näyttää sille, että ihan suurimmat lupaukset rukouksesta Jeesus antoi opetuslasilleen, joista tuli apostoleja. Meidän tulisi aina katsoa Raamatun lauseita niissä asiayhteyksissä, missä ne ovat. Tässäkin tapauksessa Jeesus puhui opetuslapsilleen. Heille oli tarpeen aivan erityiset lupaukset, jotta he olisivat voineet tehdä omalta osaltaan julistustyönsä aina marttyyrikuolemaan asti. Siinä tehtävässä piti varmaan saada välillä kaikki mahdollinen apu Jumalalta Jeesuksen nimessä, jotta evankeliumia Jeesuksesta olisi voitu julistaa maailmalle. Jos irrotamme vaikka tämän yhden lauseen ja ajattelemme, että se lupaus on juuri minua varten, joudumme usein pettymään. Välillä elämässä kuitenkin huomaa, että jokin asia menikin ihmeellisen hyvin hyvään päätökseen. Silloin on kyse Jumalan johdatuksesta ja siunauksesta eli toisin sanoen rukousvastauksesta.

Jumala kuulee jokaisen oikean rukouksen, mutta hän vastaa omalla tavallaan ja omalla ajallaan, sillä hän antaa meille kulloinkin sitä, mikä on meille todella hyväksi. Voimme kuitenkin luottaa siihen, että taivaallinen Isämme tietää tarpeemme paremmin kuin me itse. Sanommehan Isä meidän rukouksessakin: tapahtukoon Sinun tahtosi. Se tarkoittaa, että annamme Jumalan päättää rukoustemme toteutumisista. Rukousvastausten viipyminen ei tarkoita, ettei niitä olisi kuultu. Jumalalla vain on oma aikansa, joka kuitenkin koituu parhaaksemme.

Aabrahamin lapset

Uskotaanko Aabrahamiin vai Jeesukseen

Johanneksen kahdeksannessa luvussa on Raamatussa alaotsikko Aabrahamin lapset. He olivat kovassa riidassa Jeesuksen kanssa: ”Nyt asia on selvä: sinussa on paha henki. Abraham on kuollut, samoin profeetat, mutta sinä sanot: ’Joka pitää kiinni minun sanastani, ei milloinkaan kohtaa kuolemaa.’ Sinäkö muka olet suurempi kuin isämme Abraham? Hän on kuollut, ja niin ovat kuolleet myös profeetat. Mikä sinä luulet olevasi?” Aabrahamin lapsilla tarkoitetaan Jeesuksen ajan juutalaisia eli Jeesuksen omaa kansaa. Abraham oli kaikkien kantaisä, josta juutalainen kansa syntyi. Jeesuksen ja kansanjoukon välille oli syntynyt kova riita.

Kiista syntyi siis siitä, kuka on oikeassa uskossa. Meidän mielestä on ihan selvää, kumpi on tärkeämpi: Jumala vai Abraham. Tietysti Jumala ja hänen Poikansa on tärkeämpi kuin Israelin kantaisä Abraham. Abraham oli tietenkin mitä hurskain patriarkka. Mutta ei hän syntejä voinut anteeksi antaa ja sitä kautta päästää ihmisiä taivaan kotiin. Se valta on vain Jumalan Pojalla. Jeesus osoitti suoraan, että pelkästään syntymällä tähän Jumalan valittuun kansaan Abrahamin jälkeläiseksi ei pelastuta taivaaseen, vaan kaikki ovat Jeesuksen armoa vailla.

Juuri tämä suututti taustastaan ylpeän Jeesuksen kuulijakunnan. Tässä kohdassa totuudet erosivat jyrkästi. Tämä väkijoukko piti itseään oikean totuuden omistajana, kun he olivat Israelin kantaisän, Abrahamin sukua. Kansan ylpeys oli Abrahamin perillisille kaikki kaikessa. Evankeliumi loppuu näin: Jeesus vastasi: "Totisesti, totisesti: jo ennen kuin Abraham syntyi - minä olin." Silloin he alkoivat poimia kiviä heittääkseen niillä häntä.

Ikävää on todeta, että mikään ei ole muuttunut, sillä kivet lentävät edelleen. Ylpeys on pahin synti. Se estää ihmistä ottamasta vastaan Jumalan sanaa. Kansojen ja niiden johtajien ylpeys voi johtaa sotiin. Sekä juutalaiset, kristityt että muslimit ovat samassa veneessä: he ovat syntisiä ja vailla Jumalan kirkkautta. Ei juutalainen perintö sen enempää kuin kristillinen perintö yksistään auta pelastumaan. Jokainen tarvitsee Jeesuksen sovitustyötä.

Marian ilmestyspäivä

Marian ilmestyksistä

Neitsyt Marialla on oma pyhäpäivä kerran vuodessa. Jumala valitsi hänet pyhään tehtävään, Jeesuksen äidiksi. Luukkaan evankeliumin alussa kerrotaan, miten enkeli ilmestyi Marialle ja ilmoitti, että Jumala oli armossaan valinnut Poikansa äidiksi Marian. Me luterilaiset puhumme hyvin vähän Mariasta, toisin kuin ortodoksit tai katolliset. Me kiinnitämme huomiomme Jeesukseen. Häneen, jonka kautta sovitus, pelastus ja armo tulivat maailmaan meidän osaksemme. Maria on tärkeä välittäjä pelastushistorian kulussa.

Samalla enkeli kertoi Marialle myös sen, että Marian Juudeassa asuva lapsettomuudesta kauan kärsinyt sukulainen, Elisabeth, oli raskaana. Maria varmasti ymmärsi, että hänellä olisi edessään vaikeita aikoja. Kuka nasaretilaisista uskoisi, että lapsi, joka oli alkanut kehittyä hänen kohdussaan, oli saanut alkunsa Pyhästä Hengestä? Mitä ihmiset tekisivät hänelle, kun saisivat tietää, että hän odottaa lasta? Maria lähti tapaamaan sukulaistaan Elisabethia. Ehkä Maria halusi saada tukea vanhemmalta ja luotettavalta sukulaiseltaan. Raamattu kertoo meille vain yhdellä lauseella, että Maria kiiruhti Juudean vuorimaan kaupunkiin. Emme tiedä millaisia vaikeuksia tai pelkoja hän joutui kokemaan matkalla.

Elisabet oli pappismiehensä Sakariaan kanssa syvästi uskovia. Kun Maria tuli, Elisabet sanoi Pyhän Hengen vaikuttamana: "Siunattu olet sinä, naisista siunatuin, ja siunattu sinun kohtusi hedelmä! Kuinka minä saan sen kunnian, että Herrani äiti tulee minun luokseni? Autuas sinä, joka uskoit! Herran sinulle antama lupaus on täyttyvä!"

Myös Maria alkoi ylistää Jumalaa. Hänen sanansa on kirjoitettu Luukkaan evankeliumiin nimellä Marian kiitosvirsi, joka alkaa näillä lauseilla: ”Maria sanoi: Minun sieluni ylistää Herran suuruutta, minun henkeni riemuitsee Jumalasta, Vapahtajastani, sillä hän on luonut katseensa vähäiseen palvelijaansa. Tästedes kaikki sukupolvet ylistävät minua autuaaksi, sillä Voimallinen on tehnyt minulle suuria tekoja.”

Kärsimyksen sunnuntai

Ristin kantaminen

Kärsimyksen sunnuntai viittaa Raamatun teksteihin, joissa viitataan Jeesuksen kärsimystiehen kohti ristinkuolemaa. Tästä aiheesta saarnataan yleensä pari viikkoa ennen pääsiäistä. Kärsimystiestä kertoo esimerkiksi Markuksen kertomus viinitarhasta ja sen palvelijoista. Isäntä rakensi viinitarhan ja antoi sen vuokralle viininviljelijöille. Itse hän matkusti pois vieraille maille. Kun hän sitten lähetti palvelijansa perimään vuokraa, niin viinitarhan viljelijät eivät maksaneetkaan mitään, vaan pahoinpitelivät sen vuokranperijän. Viinitarhan omistaja laittoi sieltä vieraalta maalta toisen palvelija, kolmannen ja aina viinitarhan vuokraviljelijät pahoinpitelivät ja jopa tappoivat vuokran perijät.
Lopuksi viinitarhan omistajalla oli enää jäljellä yksi, hänen rakas poikansa. Hän lähetti poikansa matkaan samalle asialle ja sanoi: Minun omaan poikaani he eivät sentään uskalla koskea. Mutta nuo viinitarhan viljelijät sanoivat toisilleen: Hän on perillinen. Tapetaan hänet,

niin perintö on meidän. He ottivat hänet kiinni, tappoivat hänet ja heittivät ulos viinitarhasta.

On helppo huomata, kuinka tarkasti vertaus kertoo Jeesuksen elämäntyöstä. On selvää, että viinitarhan omistaja on Jumala, viinitarha on Vanhan testamentin Israel. Vuokranperijät kuvaavat Israelin Vanhan testamentin profeettoja, joille usein kävi huonosti, kun he varoittivat kansaa kääntymästä pois Jumalasta. On myös selvää, että ilmaisu rakas poika tarkoittaa Jeesusta. Näin vertaus ennakoi Jeesuksen tietä kohti pääsiäisen kärsimyksiä ja ristinkuolemaa. Tämä Jeesuksen kärsimys on meille varsin tuttu pääsiäisen sanomasta. Meidän ei tarvitse omia syntejämme raahata ristille. Mutta siitä huolimatta Jeesuksen sanoo ristinkantamisesta siihen tyyliin, että jokainen siihen joutuu.

Onnellinen on se, joka saa elää elämänsä loppuun tai vaikka eläkeikään ilman, että joutuu kantamaan mitään ristiä. Kun kuulee ihan hyvien ihmisten merkillisistä elämänvaikeuksista, niin olen usein ajatellut, että lieneekö ketään, joka välttyy jonkinlaiselta koettelemukselta eli ristiltä. Ota ristisi ja seuraa minua, sanoo Jeesus.

Palmusunnuntai

Kuivettunut viikunapuu

Matteus kirjoittaa palmusunnuntain ja seuraavan aamun tapahtumista näin. Jeesus meni temppeliin ja ajoi kaikki myyjät ja ostajat sieltä ulos. Hän kaatoi rahanvaihtajien pöydät ja kyyhkysenmyyjien jakkarat ja sanoi heille: "On kirjoitettu: Minun huoneeni on oleva rukouksen huone. Mutta te teette siitä rosvojen luolan." Hän jätti heidät siihen, meni kaupungin ulkopuolelle Betaniaan ja oli siellä yötä. Kun Jeesus varhain aamulla oli palaamassa kaupunkiin, hänen tuli nälkä. Hän näki tien vierellä viikunapuun ja meni tutkimaan sitä, mutta ei löytänyt siitä muuta kuin lehtiä. Silloin hän sanoi puulle: "Ikinä et enää tee hedelmää." Siinä samassa viikunapuu kuivettui. Miksi ihmeessä hän kirosi hedelmättömän puun? Mitä ilmeisemmin Jeesus tahtoi opettaa jotain erityistä opetuslapsille tämän ihmeteon välityksellä, mutta mitä se oli? Muualla Raamatussa on samankaltaisia vertauksia hedelmättömästä viikunapuusta. Vielä, kun muistetaan, että Vanhan testamentin profeetat vertasivat Israelia monesti viikunapuuhun, alkaa viikunapuun kuivumisen merkitys avautua.

Israelin kansa jäisi hedelmättömäksi niin kuin viikunapuukin. He olivat vaihtaneet Abrahamin elävän uskon muotojumalalliseen lakiuskontoon ja torjuneet Jeesuksen sanoman. Jeesus ei siis hylännyt juutalaisuutta, vaan he hylkäsivät hänet. Eli juutalaisuus oli tässä suhteessa kuin viikunapuu, jossa oli lehdet mutta ei hedelmiä. Se saattoi näyttää katsojan silmään kauniin vehreältä, mutta se ei sellaisenaan tulisi koskaan tuottamaan hedelmää. Tällainen oli juutalaisen kirkon asema palmusunnuntaina Jeesuksen mielestä. Juutalainen usko kasvoi otollisessa maaperässä turhaan. Sillä oli tuuhea lehtiverho: jumalanpalvelus, papisto, kirjanoppineet, kaikki ulkonaiset muodot, jotka olisivat voineet tuottaa hedelmää.

Meidän ei kannata syytellä liikaa Israelia, kun omatkaan asiamme eivät ole Jeesuksen tahdon mukaisia. Riittääkö se, että olemme vain kirkon kirjoissa mutta uskomme ei tuota mitään hedelmää? Tässä meillä on aina parantamisen varaa. Hyvä puu tuottaa hyviä hedelmiä, sanoo Jeesus.

Kiirastorstai

Ehtoollisen asettaminen

Kiirastorstain iltana muistamme, kuinka Jeesus asetti ehtoollisen. Jeesus tiesi, että hänen maallinen tehtävänsä on päättymässä. Kolme vuotta hän oli kulkenut opetuslasten kanssa ja kiirastorstaina hän asetti pyhän ehtoollisen sakramentin. Tällä tavoin hän tekee meille helpommaksi ymmärtää anteeksiantamuksen merkitystä. Saamme kirkkovuoden varrella käydä yhä uudelleen ehtoolliselle. Yläsalin iltaaterialle saapuessaan Jeesus opetuslapsineen liittyi pitkään vanhatestamentilliseen perinteeseen. Pääsiäisaterialla muisteltiin Egyptin orjuudesta vapautumista. Tapojen säilymistä vaalittiin tarkasti sukupolvesta toiseen.

Juutalaisten pääsiäisjuhla alkoi torstai-iltana. Tähän pääsiäiseen loppui juutalaisten vanha ja sen sijaan alkoi uuden liiton pääsiäinen Kristuksen valtakunnassa. Tästedes uudessa liitossa on oleva uusi pääsiäinen ja uusi pääsiäislammas. Nyt Herra asetti ruumiinsa ja verensä sakramentin.

Aterian aikana Jeesus otti leivän, siunasi, mursi ja antoi sen opetuslapsilleen sanoen: "Ottakaa ja syökää, tämä on minun ruumiini." Sitten hän otti maljan, kiitti Jumalaa, antoi heille ja sanoi: "Juokaa tästä, te kaikki. Tämä on minun vereni, liiton veri, joka kaikkien puolesta vuodatetaan syntien anteeksiantamiseksi."

Herramme Kristus ei ole tahtonut rasittaa meitä lukuisilla asetuksilla, niin kuin vanhan liiton aikana Israelin kansaa rasitettiin. Hän vain otti leivän ja viinin ja lausui niistä sanansa. Näihin ehtoollisen asettamissanoihin meidän on vahvasti uskottava. Meidän pitää siis epäilemättä uskoa, että asia on niin kuin hän sanoo ja meidän tulee kiittää Kristusta tästä armosta iloiten.

Kuulet hänen sanovan antaneensa ruumiinsa sinun edestäsi ja vuodattaneensa verensä sinun edestäsi. Meidän on siis mitä ahkerimmin opittava tämän sakramentin hyöty ja tarkoitus, minkä tähden Kristus sen asetti meille kaikille. Tunnustakaamme hänelle syntimme kirkossa ja käykäämme ehtoollispöytään. Hän antaa synnit anteeksi jo maan päällä ja iankaikkisen elämän taivaassa.

Pitkäperjantai

Jeesuksen ristiinnaulitseminen

Pitkäperjantaina vietämme Herramme Kristuksen kärsimyksen ja kuoleman muistopäivää, niin kuin uskontunnustuksessa lausumme: "Minä uskon Jeesukseen Kristukseen, Jumalan ainoaan Poikaan, meidän Herraamme joka kärsi Pontius Pilatuksen aikana, ristiinnaulittiin, kuoli ja haudattiin." Vaikka kristittyjen aina on muistettava Kristuksen kärsimystä ja kuolemaa, niin kuitenkin erityisesti tämä päivä on säädetty Kristuksen kärsimyksen muistamista varten. Kaikki kuulustelut maaherra Pilatuksen ja kuningas Herodeksen hovissa tapahtuivat pitkänperjantain kuluessa.
Juutalaiset syyttivät häntä siitä, että hän muka oli vietellyt kansaa pyrkien itse kuninkaaksi ja hallitsijaksi. Tämän syytöksen johdosta Pilatus tutki Jeesusta ja huomasi hänen vastauksestaan, ettei Jeesuksen valtakunta ole tästä maailmasta ja ettei hän ollut tehnyt keisarille eikä hänen valtakunnallensa mitään vahinkoa.
Sen tähden hän sanoo ylimmäisille papeille ja kansalle: »Minä en löydä hänestä yhtäkään

syytä», ja lähetti hänet kuningas Herodeksen luo.
Herodes lähetti Jeesuksen takaisin Pilatukselle, kutsui tämä ylimmäiset papit ja vanhimmat ja kansan kokoon ja lausui heille: Te olette tuoneet minulle tämän miehen kansan yllyttäjänä; ja katso, minä olen teidän läsnä ollessanne häntä tutkinut enkä ole havainnut tätä miestä syylliseksi mihinkään, mistä te häntä syytätte.
Martti Luther selittää Jeesuksen kärsimyksen merkitystä tällä tavalla: "Jos joku rientää auttamaan minua tulen tai veden vaarasta ja panee alttiiksi ruumiinsa ja henkensä minun tähteni, minä olen suuri heittiö, ellen ala häntä rakastaa. Me rakastumme jo sellaiseenkin, joka lahjoittaa meille kymmenen kultarahaa; kuinka voisi olla toisin, kun Jumala lahjoittaa meille poikansa, joka meidän edestämme antautuu kuolemaan?
Eiköhän meidän pitäisi sanoa näin: Herrani Jeesus Kristus on tämän kaiken kärsinyt minun edestäni, sen tähden minä tahdon häntä rakastaa, hänen sanaansa mielelläni viljellä, kuulla, uskoa ja sitä kuuliaisuudessa noudattaa." Näin hienosti Martti Luther opettaa meitä.

Pääsiäinen

Kristus on ylösnoussut

Matteus kirjoittaa. Sapatin päätyttyä, viikon ensimmäisen päivän koittaessa, tulivat Magdalan Maria ja se toinen Maria katsomaan hautaa. Enkeli kääntyi naisten puoleen ja sanoi: "Älkää te pelätkö. Minä tiedän, että te etsitte ristiinnaulittua Jeesusta. Ei hän ole täällä, hän on noussut kuolleista, niin kuin itse sanoi. Tulkaa katsomaan, tuossa on paikka, jossa hän makasi. Menkää kiireesti sanomaan hänen opetuslapsilleen. Hän on noussut kuolleista. Hän menee teidän edellänne Galileaan, siellä te näette hänet." Naiset lähtivät heti haudalta, yhtaikaa peloissaan ja riemuissaan ja riensivät viemään sanaa Jeesuksen opetuslapsille.

Myös muut evankeliumit todistavat yksimielisesti tyhjästä haudasta. Ensimmäisenä sen näkivät Jeesukselle läheiset naiset. Enkeli vielä erityisesti painotti: Tuossa on paikka, johon hänet pantiin. Oltiin siis varmasti oikealla haudalla. Kautta aikojen tyhjää hautaa on epäilty erilaisin perustein. Helppoa on väittää, että naiset olisivat jostain syystä menneet väärälle haudalle. Mutta Markuksen evankeliumi kertoo selkeästi, että pitkäperjantaina Magdalan Maria ja Joosefin äiti Maria katsoivat, mihin Jeesus haudattiin. Jos me olemme olleet hautajaisissa, niin osaamme mekin varmasti mennä oikealle haudalle kolmannen päivän aamuna.

Eivät naiset eivätkä opetuslapset pystyneet vielä selittämään, mitä haudalla todella oli tapahtunut. Kenelläkään ei ollut oikeastaan mahdollisuutta ymmärtää, koska ylösnousemuksen uskottiin tapahtuvan vasta maailman lopulla. Vasta hänen ilmestymisensä jälkeen ymmärrettiin, että hän puhui kirjaimen tarkkuudella totta. Hän nousi kolmantena päivän kuolleista. Kristillisen uskon perussanoma on siinä, että Isä Jumala herätti Poikansa Jeesuksen kuolleista.

Pääsiäisen sanomassa saamme uskoa, että kaikki syntimme on anteeksi annetut hänen sovitustyönsä tähden, hänen nimessään ja veressään. Saamme nyt elää Jumalan lapsina ja pitää suurena toivonamme kerran tapahtuvaa omaa ja rakkaittemme ylösnousemusta. Kristuksen tyhjä hauta takaa aikanaan myös oman ylösnousemuksemme.

II Pääsiäispäivä

Ylösnousseen kohtaaminen

Toisen pääsiäispäivän aiheena on ylösnousseen kohtaaminen. Pääsiäisaamuna haudalta palaavat naiset kohtasivat ensimmäisinä Jeesuksen. Matteus kirjoittaa näin: Naiset lähtivät heti haudalta, yhtaikaa peloissaan ja riemuissaan, ja riensivät viemään sanaa Jeesuksen opetuslapsille. Mutta yhtäkkiä Jeesus tuli heitä vastaan ja tervehti heitä. He menivät hänen luokseen, syleilivät hänen jalkojaan ja kumarsivat häntä.

Iltapäivällä Jeesus ilmestyi Emmauksen tien kulkijoille. Näiden sanottiin olevan myös Jeesuksen opetuslapsia, mutta he eivät kuuluneet niiden kahdentoista joukkoon. Jeesus liittyy heidän seuraan, mutta näiden Emmauksen tien kulkijoiden silmät eivät jostain syystä heti auenneet ennen kuin käytiin ilta-aterialle, josta Luukas kirjoittaa näin: Kun hän sitten aterioi heidän kanssaan, hän otti leivän, kiitti Jumalaa, mursi leivän ja antoi sen heille. Silloin heidän silmänsä aukenivat ja he tunsivat hänet. Mutta samassa hän jo oli poissa heidän näkyvistään. Emmauksen tien kulkijoille tuli nyt kiire, kun he halusivat heti palata Jerusalemiin muiden opetuslasten luokse kertomaan tästä ihmeestä: Heti paikalla he lähtivät matkaan ja palasivat Jerusalemiin. Siellä olivat koolla yksitoista opetuslasta ja muut heidän joukkoonsa kuuluvat. He sanoivat toisilleen: "Eikö sydämemme hehkunut innosta, kun hän kulkiessamme puhui meille ja opetti meitä ymmärtämään kirjoitukset?" Nämä sanoivat: "Herra on todella noussut kuolleista! Hän oli ilmestynyt Simonille."

Illalla Jeesus ilmestyi opetuslapsille: Kun he vielä puhuivat tästä, yhtäkkiä Jeesus itse seisoi heidän keskellään ja sanoi: "Rauha teille." Tässä oli siis tapahtumia yhden ja saman päivän ajalta, aamusta iltaan eli kyseessä oli pääsiäispäivä. Aamulla naiset kohtasivat Jeesuksen, iltapäivällä puolestaan Emmauksen tien kulkijat ja lopulta illalla Jeesus ilmestyi opetuslasille. Juuri se, että todistajia ja näkökulmia oli monia, todistavat aidosti Jeesuksen ilmestyneen monille kuolemansa jälkeen. '

Ylösnousseen todistajia

Minä tässä olen

Pääsiäisen jälkeen monet saivat henkilökohtaisen todistuksen Jeesuksen ilmestymisestä. Jeesus ilmestyi epäileville opetuslapsilleen ja vakuutti heidät ylösnousemuksestaan. Kysymyksessä ei ollut henki tai näky, eikä mikään mielikuvitusolento. Jeesusta eivät enää sitoneet tavallisen maallisen ihmisen rajoitukset. Hän saattoi yhtäkkiä saapua lukittuun huoneeseen. Jeesuksen ilmestymisestä kerrotaan monissa kohdissa eri evankeliumeissa. Näissä Jeesuksen ilmestymisissä on kahta tyyppiä.
Ensiksi on ilmestyksiä, joissa Jeesusta ei ensin tunneta heti alussa. Menee jonkin aikaa ja sitten äkkiä Jeesus tunnistetaan jostakin seikasta. Tästä on esimerkki niistä kahdesta Emmaukseen tien kulkijasta, jotka tunnistivat Jeesuksen vasta aterialla. Samoin Mariakin haudalla kuvitteli Jeesusta ensin puutarhuriksi. Johanneksen evankeliumissa kerrotaan, että Maria kohtasi haudassa kaksi valkopukuista enkeliä. Kun hän kääntyi taaksepäin ja näki Jeesuksen siinä seisovan, hän ei tiennyt,

että se oli Jeesus. Jeesus sanoi hänelle: ”Maria” ja silloin Maria uskoi.
Toiseksi on ilmestyksiä, joissa hänet heti tunnetaan välittömästi, kunhan alkujärkytyksestä on toivuttu. Kaikissa tapauksissa on kuitenkin yhteistä se, että Jeesus ilmestyi vain niille, jotka uskoivat häneen. Hän ei ilmestynyt hänen vihamiehilleen.
Pääsiäisenä koolla oli Jeesuksen läheisin nyt yhdentoista opetuslapsen joukko ja muita Jeesukseen uskovia. Tälle joukolle Jeesus ilmestyi pääsiäisenä. Kaikki tunsivat heti Jeesuksen. He tosin ensin pelästyivät ja luulivat näkevänsä aaveen. Hei eivät voineet uskoa silmiään, vaikka he juuri todistelivat toisilleen, että jotkut heistä olivat jo nähneet Jeesuksen ilmestyvän kukin omalla tahollaan. He pelästyivät tietysti, kun hän yhtäkkiä vainaja seisoi elävänä heidän keskellään.
Jeesus tahtoi aivan erityisesti todistaa, että hän on varmasti se sama Jeesus, joka ristiinnaulittiin. Siksi hän sanoi: Katsokaa minun käsiäni ja jalkojani: minä tässä olen, ei kukaan muu. Koskettakaa minua, nähkää itse. Ei aaveella ole lihaa eikä luita, niin kuin te näette minussa olevan."

Hyvä Paimen

Vertaus lammastarhasta ja portista

Jeesus vertasi itseään hyväksi paimeneksi ja muutaman kerran havainnollisti asiaa vertauksilla lammastarhasta. Usein taiteilijatkin maalaavat Jeesukselle paimensauvan käteen. Kun hän puhuu seurakunnastaan, hän vertaa sitä lammaslaumaan. Hän puhuu myös lauman paimenesta. Yksi näistä on kirjoitettu Johanneksen evankeliumiin näin. Jeesus sanoi: "Totisesti, totisesti: se, joka ei mene lammastarhaan portista vaan kiipeää sinne muualta, on varas ja rosvo. Se, joka menee portista, on lampaiden paimen. Hänelle vartija avaa portin, ja lampaat kuuntelevat hänen ääntään. Hän kutsuu lampaitaan nimeltä ja vie ne laitumelle. Laskettuaan ulos kaikki lampaansa hän kulkee niiden edellä, ja lampaat seuraavat häntä, koska ne tuntevat hänen äänensä. Vierasta ne eivät lähde seuraamaan vaan karkaavat hänen luotaan, sillä ne eivät tunne vieraan ääntä."
Jeesuksen aikaan kylällä saattoi olla yhteinen iso lammastarha, jonne eri omistajat toivat

lampaansa. Lammastarhaa ympäröi kiviaita, jonka vahvistuksena saattoi olla piikkioksista tehty risuaita. Tarhaan johti portti, ja yöllä portilla vartija piti huolta, että lampaat eivät karanneet tai että kukaan ei ryöstänyt lampaita.

Johanneksen evankeliumin kuvauksesta käy ilmi, että opetuslapset eivät aluksi ymmärtäneet, että Jeesus tarkoitti itseään vertauksen hyväksi paimeneksi. Siksi Jeesus jatkoi: ”Totisesti, totisesti: minä olen lampaiden portti. Ne, jotka ovat tulleet ennen minua, ovat kaikki olleet varkaita ja rosvoja, eivätkä lampaat ole kuunnelleet heitä. Minä olen portti. Se, joka tulee sisään minun kauttani, pelastuu. Hän voi vapaasti tulla ja mennä, ja hän löytää laitumen. Varas tulee vain varastamaan, tappamaan ja tuhoamaan. Minä olen tullut antamaan elämän, yltäkylläisen elämän.”

Portilla Jeesus tarkoittaa, että vain usko häneen tuo ikuisen pelastuksen. Sen lisäksi hän on itse uhrilammas, joka uhrattiin ihmisten syntien tähden. Hän viitta pääsiäisen merkitykseen sanoillaan: Minä panen henkeni alttiiksi lampaiden puolesta. Hän on sovittanut meidän syntimme.

Jumalan kansan koti-ikävä

Tie, totuus ja elämä

Jeesus sanoi opetuslapsilleen: "Älköön sydämenne olko levoton. Uskokaa Jumalaan ja uskokaa minuun. Minun Isäni kodissa on monta huonetta - enhän minä muuten sanoisi, että menen valmistamaan teille asuinsijan. Minä menen valmistamaan teille sijaa mutta tulen sitten takaisin ja noudan teidät luokseni, jotta saisitte olla siellä missä minä olen. Te tiedätte kyllä tien sinne minne minä menen. Minä olen tie, totuus ja elämä. Ei kukaan pääse Isän luo muuten kuin minun kauttani." Näin Jeesus puhuu taivaan kodista ja siitä tiestä, mikä sinne johtaa. Meidän elämämme alkaa maallisesta kodista ja päättyy taivaan kotiin. Kristillisen toivon mukaan me olemme kotimatkalla. Keväällä meille jumalanpalveluksen aiheeksi on annettu sanat Jumalan kansan koti-ikävä. Tuskin kukaan meistä kuitenkaan osaa ikävöidä taivaan kotiin, kun olemme niin kiinni tässä maallisessa elämässä.

Oikea tie vie kirkkoon, Jumalan huoneeseen, sanan ja sakramenttien ääreen. Tie voi olla

lyhempikin, se voi olla kotona matka sohvalta kirjahyllyyn, jossa on Raamattu. Tie voi olla myös muutama askel kotona radion tai television ääreen, jossa alkaa jumalanpalvelus. Oikeaa tietä voi siis kulkea ihan olemalla paikallaan ja hiljentymällä Jumalan sanan ääreen, jos ei pääse kirkkoon. Tämän tien kulkijat oppivat tuntemaan Jeesuksen ja hänen kauttaan myös Isän. Tämä on se totuus, josta Jeesus puhuu ja jonka varassa elämme ja kuolemme. Tähän totuuteen uskominen antaa iankaikkisen elämän.
Kristuksen puhe monista huoneista ilmaisee sen, että Jumalan armo on kaikkia varten. Jumalan armolla ei ole rajaa. Jumalan hyvyys on koko maailmaa koskettavaa. Kristillinen kirkko uskoo, että Jumalan koti on tarkoitettu jokaiselle ihmiselle. Ei ole muuta tietä Jumalan Isän kotiin kuin se, jonka Jeesus osoittaa.
Jumala, taivaallinen Isämme, valaise meitä totuutesi valolla, kun harhailemme pimeässä. Kuljeta meidät tietäsi perille ikuiseen elämään, jonka olet luvannut omillesi. Täytä meidät ilolla, jota maailma ei voi antaa. Kuule meitä Poikasi Jeesuksen Kristuksen, meidän Herramme tähden.

Taivaan kansalaisena maailmassa

Taivaan kansalaisen rakkaudesta

Jos noudatatte käskyjäni, te pysytte minun rakkaudessani, niin kuin minä olen noudattanut Isäni käskyjä ja pysyn hänen rakkaudessaan. Minun käskyni on tämä: rakastakaa toisianne, niin kuin minä olen rakastanut teitä. Suurempaa rakkautta ei kukaan voi osoittaa, kuin että antaa henkensä ystäviensä puolesta. Ette te valinneet minua, vaan minä valitsin teidät, ja minun tahtoni on, että te lähdette liikkeelle ja tuotatte hedelmää, sitä hedelmää joka pysyy. Kun niin teette, Isä antaa teille kaiken, mitä minun nimessäni häneltä pyydätte. Tämän käskyn minä teille annan: rakastakaa toisianne.

Jeesus opettaa tässä edellä olevassa Johanneksen evankeliumin testissä rakkauden kaksoiskäskyn soveltamista. Kaksoiskäsky kuuluu näin: "Rakasta Herraa, Jumalaasi, koko sydämestäsi, koko sielustasi ja mielestäsi. Tämä on käskyistä suurin ja tärkein. Toinen yhtä tärkeä on tämä: Rakasta lähimmäistäsi niin kuin itseäsi." Rakkaudella on kaksi suuntaa: pystysuora Jumalaan kohdistuva rakkaus ja vaakasuora lähimmäiseen kohdistuva rakkaus. Jeesus toteaa, että itse hän on tehnyt juuri näin ja antaa käskyn seuraajilleen tehdä samoin. Rakkauden kaksoiskäsky tiivistää kaikki käskyt. Kun me todella eläisimme kaksoiskäskyn mukaan, niin silloin me emme rikkoisi kymmentä käskyä. Jeesus sanoo rakkauden kaksoiskäskystä: "Näiden kahden käskyn varassa ovat laki ja profeetat."

On huomattava, että rakkaus ei ole valinnanvarainen asia vaan se on Jeesuksen käsky. Me emme siis sattumalta ihastu ja rakastu Jumalaan tai Jeesukseen. Myös Johanneksen kirjeessä sanotaan: Tämän käskyn me olemmekin häneltä saaneet: Joka rakastaa Jumalaa, rakastakoon myös veljeään.

Meidän täytyy ottaa tämä käsky tosissaan. Johannes jatkaa: Joka ei rakasta lähimmäistään, ei ole oppinut tuntemaan Jumalaa, sillä Jumala on rakkaus. Tässä siis sanotaan, että lähimmäisenrakkautemme osoittaa, tunnemmeko Jumalan. Jos hylkäämme lähimmäisen, emme voi sanoa, että täyttäisimme käskyn ensimmäisen osan rakastaa Jumalaa. Meidän tekomme pitäisi siis myös näkyä lähimmäistemme hyväksi.

Rukoussunnuntai

Sydämen puhetta Jumalan kanssa

Psalmeissa sanotaan: ”Avuksesi huuda minua hädän päivänä, niin minä tahdon auttaa sinua, ja sinä olet kunnioittava minua. Herra on lähellä kaikkia, jotka häntä avuksensa huutavat.” Jeesus sanoo: ”Pyytäkää, niin teille annetaan. Etsikää, niin te löydätte. Kolkuttakaa, niin teille avataan. Sillä pyytävä saa, etsijä löytää, ja jokaiselle, joka kolkuttaa, avataan.” Paavali puolestaan kehottaa näin: ”Kehotan ennen kaikkea anomaan, rukoilemaan, pitämään esirukouksia ja kiittämään kaikkien ihmisten puolesta, kuninkaiden ja kaikkien vallanpitäjien puolesta, jotta saisimme viettää tyyntä ja rauhallista elämää, kaikin tavoin hurskaasti ja arvokkaasti.” Näiden lisäksi Raamattu kehottaa meitä rukoilemaan monissa muissa kohdissa.

Katekismuksessa selitetään rukousta näin: Rukous voi olla sanatonta huokausta, tutun rukouksen lukemista tai vapaata puhetta Jumalalle. Voimme rukoilla yksin, toisten kanssa tai yhdessä koko seurakunnan kanssa. Pyydämme apua itsellemme tai toisille ja kiitämme saamistamme lahjoista. Rukous on myös Jumalan kunnioittamista, hänen kaikkivaltiutensa tunnustamista ja pysähtymistä hänen tutkivan ja rakastavan katseensa alle. Jumala itse kehottaa meitä rukoilemaan hädässä ja luottamaan hänen apuunsa.

Läheskään aina emme saa rukouksiimme välitöntä vastausta. Jumala kuulee jokaisen oikean rukouksen, mutta hän vastaa omalla tavallaan ja omalla ajallaan, sillä hän antaa meille kulloinkin sitä, mikä on meille todella hyväksi. Voimme kuitenkin luottaa siihen, että taivaallinen Isämme tietää tarpeemme paremmin kuin me itse. Sanommehan Isä meidän -rukouksessakin: tapahtukoon Sinun tahtosi. Se tarkoittaa, että annamme Jumalan päättää rukoustemme toteutumisista.

Martti Luther sanoo rukouksesta: ”Oi mikä suuri asia onkaan hurskaan kristityn harras rukous! Kuinka äärettömän merkillistä onkaan, että köyhä ihminen voi siten puhua korkean taivaallisen majesteetin kanssa häntä pelkäämättä ja tietää, että Jumala Jeesuksen Kristuksen, rakkaan Poikansa, meidän Herramme ja Vapahtajamme tähden ystävällisesti hymyää meille!”

Helatorstai

Korotettu Herra

Tämä päivä on erotettu erilliseksi juhlapyhäksi sen uskontunnustuksen kohdan johdosta, jossa sanomme: Minä uskon Jeesukseen Kristukseen, joka astui ylös taivaisiin ja istuu Isän, Jumalan, oikealla puolella. Luukas kertoo, kuinka Jeesus ilmestyi viimeisen kerran Betanian lähellä opetuslasilleen ja siunasi heitä. ”Siunatessaan hän erkani heistä, ja hänet otettiin ylös taivaaseen. He kumartuivat maahan asti ja osoittivat hänelle kunnioitustaan, ja sitten he riemua täynnä palasivat Jerusalemiin. He olivat alati temppelissä ja ylistivät Jumalaa.”

Evankeliumi antaa ymmärtää, että Jeesus erkani jotenkin hitaasti. Jeesus ei siis hävinnyt tällä viimeisellä kerralla äkkiä vaan hän erkaantui ihmissilmin nähtävästi ja sitten ikään kuin pilvi olisi verhonnut hänet näkymättömiin.

Jumala sanoo tässä helatorstain sanomassa viimeisen sanansa pitkänperjantain tapahtumiin. Hän korottaa Poikansa taivaaseen, mistä Jumalan Poika alun perin lähti maan päälle. Kun sitten opetuslapset kymmenen päivää myöhemmin saivat Pyhän Hengen helluntaina, niin he alkoivat rohkeasti julistaa, että Jeesus on noussut kuolleista ja että hänet on otettu Jumalan valtakuntaan. Mitä Jeesus teki neljänkymmenen päivän aikana pääsiäisestä helatorstaihin? Hän ilmestyi useaan otteeseen opetuslapsilleen. Heidän ja seurakunnan tehtävä on kutsua kaikkia ihmisiä uskoon. Näistä ilmestyksistä opetuslapset saivat sitten sen tavattoman rohkeuden, että he alkoivat julistaa uskoansa Jeesukseen Jumalan Poikana.

Jeesuksen taivaaseenastuminen ei tarkoita, että hän olisi mennyt johonkin kauas taivaan ääriin, vaan hän meni toiseen todellisuuteen. Se toinen todellisuus on jotain konkreettista, jossa Jeesus ruumiillisesti hallitsee. Se on paikka, johon Jeesus on valmistanut meille viimeisen kodin. Arvioidessaan helatorstain merkitystä, kirkkoisä Augustinus sanoi: "Tämä juhla vahvistaa kaikkien muiden juhlien armoa, sillä ellei Vapahtajamme olisi astunut ylös taivaaseen, hänen syntymänsä olisi ollut turha, hänen kärsimyksensä ei olisi kantanut hedelmää, ja hänen ylösnousemuksensa olisi vailla merkitystä.”

Pyhän Hengen odotus

Jeesuksen jäähyväisrukous

Kun helluntain aiheena on Pyhän Henki, niin sitä edeltävän sunnuntain aiheena on Pyhän Hengen odotus. Siihen liittyy seuraavat Johanneksen evankeliumin lauseet. Jeesus rukoili ja sanoi: "Isä, niin kuin sinä lähetit minut maailmaan, niin olen minäkin lähettänyt heidät. Minä pyhitän itseni uhriksi heidän tähtensä, että heistäkin tulisi totuuden pyhittämiä. Minä en rukoile vain heidän puolestaan, vaan myös niiden puolesta, jotka heidän todistuksensa tähden uskovat minuun. Minä rukoilen, että he kaikki olisivat yhtä, niin kuin sinä, Isä, olet minussa ja minä olen sinussa."

Tämä on osa Jeesuksen jäähyväisrukouksesta, jossa hän eri tavoin pyytää Jumalan siunausta opetuslapsilleen vähän ennen kuin hänet vangitaan. Koska Jeesus on Jumalan ilmoitus, Isän ja Pojan välillä on läheinen yhteys: "Isä ja minä olemme yhtä", Jeesus sanoo. Koska Isä on antanut valtansa Pojalle, hän tekee Isän tekoja. Tämä läheinen yhteys leimaa Johanneksen evankeliumia. Isä ja Poika kietoutuvat koko ajan yhteen evankeliumin sanoissa. Jeesuksen rukous osoittaa erityisen selvästi sen, että hän on Jumalan Poika eikä kuka tahansa sen ajan profeetta. Hän on pian päättävä työnsä maan päällä. Hän katsoo jo sitä kohti, mikä häntä odottaa. Hän on pian oleva jälleen Isän luona kirkkaudessa, siellä missä hän on aikojen alussa ollut Isän rinnalla.

Jeesus rukoilee sitä että hänen omansa olisivat yhtä, jotta muutkin ymmärtäisivät Jeesuksen olevan Jumalan Poika. Jeesus tahtoo, että hänen omansa ovat siellä missä hänkin on. Rukoillessaan Jeesus oli vielä maan päällä, mutta rukouksessaan Jeesus itse asiassa käyttää tässä tulevan ajan ilmaisua ja viittaa näin tulevaan paikkaansa, missä hän itse on pian oleva. Hän on menossa Isän luo. Hän nousi taivaaseen opetuslasten silmien alla. Hän on korkeudessa, mutta hän tahtoo, että mekin saamme kerran olla hänen luonaan siellä. Sinne päästään uskolla ja Jeesuksen tähden ilman omaa ansiota ja ilman omia tekoja. Tähän elämämme tärkeimpään asiaan monet suhtautuvat aivan liian välinpitämättömästi.

Helluntai

Pyhän Hengen vuodattaminen

Kun sitten koitti helluntaipäivä, he olivat kaikki yhdessä koolla. Yhtäkkiä kuului taivaalta kohahdus, kuin olisi käynyt raju tuulenpuuska, ja se täytti koko sen talon, jossa he olivat. He näkivät tulenlieskoja, kuin kieliä, jotka jakautuivat ja laskeutuivat itse kunkin päälle. He tulivat täyteen Pyhää Henkeä ja alkoivat puhua eri kielillä sitä, mitä Henki antoi heille puhuttavaksi. Kaikki olivat hämmästyneitä. Yhtäkkiä nuo galilealaiset, oppimattomat opetuslapset, alkoivat puhua monia eri kieliä ja heidän ympärillään olevat ihmiset ymmärsivät. Apostolien teoissa luetellaan toistakymmentä paikkainnimeä, mistä kansaa oli tullut Jerusalemiin helluntaijuhlille. Kuinka monta eri kieltä he puhuivat, siitä ei ollut mainintaa. Miten nuo oppimattomat miehet olivat yhtäkkiä oppineet vieraita kieliä? Galilealaisia ei pidetty kovin sivistyneinä ja monet juutalaiset halveksivat heidän selvästi muista erottuvaa murrettaan. Miten tällaista saattoi tapahtua? Äkillisen ja voimakkaan innoituksen vaikutuksesta näistä ihmisistä tuli Hengen puhekanavia ja he saivat Jumalan ylistämiseen sellaisen kyvyn ja tavan, jota heillä ei ennen ollut. Kielilläpuhuminen oli tulen ja kunkin ylle tulleiden tulisten kielten suullinen ilmenemismuoto. Toisiin ihme teki voimakkaan vaikutuksen, kun taas toiset suhtautuivat ylimielisesti. Tapahtuman sen seurauksena sanoma levisi, uskovien joukko kasvoi ja kolmetuhatta kastettiin. Helluntaina annettu Pyhä Henki synnytti ensimmäisen seurakunnan, siksi tätä päivää pidetään kirkon syntymäpäivänä. Apostolit saivat rohkeuden ja taidon puhua ymmärrettävästi sanomaa kaikille kansoille. Saatuaan Hengen lahjan kristityt Apostolien tekojen mukaan "kuuntelivat ja noudattivat uskollisesti apostolien opetusta, elivät keskinäisessä yhteydessä, mursivat yhdessä leipää ja rukoilivat." Sellaiseen yhteyteen Pyhä Henki meitä kristittyjä on kutsunut ja edelleen kutsuu. Pyhä Henki antaa meille pääsyn taivasten valtakuntaan. Pyhä Henki on jo pyhässä kasteessa tehnyt meistä Jeesuksen opetuslapsia. Jo nyt olemme uskon kautta osallisia taivaan valtakunnasta, jonne meillä on pääsy viimeisenä päivänä.

Kolminaisuuden päivä

Salattu Jumala

Kolminaisuudenpäivän aiheena ovat sanat "salattu Jumala", koska Jumalaa ei ole kukaan nähnyt. Jumalalla on kolme persoonaa, Isä, Poika ja Pyhä Henki. Raamattua luettaessa huomaamme, että Jumala on salattu emmekä me voi ihmisajatuksin täysin käsittää Kaikkivaltiasta. Me tiedämme Jumalasta vain sen, mitä hän tahtoo meille itsestään ilmoittaa.

Raamatussa Jumala esiintyy paljon Vanhan testamentin puolella. Hän on Luoja, joka loi maailman sekä näkyvän että näkymättömän maailman. Hänen äärettömän olemuksensa tutkimaton viisaus ylittää inhimillisen tiedon rajat. Jumala loi kaiken sanallaan ja pitää myös kaiken voimassa sanallaan. Luomisen jälkeen hän puhuu profeettojensa kautta valitulle kansalleen.

Profeettojen sana ei auttanut, vaan kansa kääntyi yhä uudelleen pois Jumalastaan. Jumala halusi kuitenkin pelastaa ihmiskunnan, hän tuli maailmaan Jeesuksen muodossa Vapahtajaksi. Jouluevankeliumeissa meille ker-

rotaan, että Jeesus lapsi sikisi Pyhästä Hengestä, neitsyt Marian kohdussa. Inhimilliseltä luonnoltaan Jeesus on siis tietenkin Marian Poika mutta Pyhän Hengen kautta hän oli Jumalan Poika. Jeesuksen jumaluuden ja uuden liiton kautta on mahdollista uudistaa suhde Luojaan, mikä katkesi paratiisissa.

Jumalan kolmas ominaisuus on Pyhä Henki. Nyt me elämme Pyhän Hengen aikaa. Jumala on läsnä näkymättömänä Henkenä. Pyhä Henki oli jo mukana luomisessa, sillä luomiskertomuksen mukaan Jumalan Henki liikkui vetten päällä. Hän on ääretön, ikuinen ja kaikkivaltias kuten Isä ja Poika. Hän on Jumala ja Herra. Me emme voi nähdä Pyhää Henkeä, mutta voimme nähdä ja kokea Pyhän Hengen vaikutuksia. Kaikkialla siellä, missä etsitään Jumalan tahtoa ja halutaan elää hänen tahtonsa mukaisesti, siellä missä on hyvyyttä ja rakkautta, itse Herra on läsnä Pyhän Hengen muodossa. Vaikka on Jumala, Jeesus Kristus ja Pyhä Henki, niin kuitenkin uskomme, että Jumala on yksi ja sama Jumala.

Katoavat ja katoamattomat aarteet

Ota ristisi ja seuraa minua!

Kolminaisuuden päivän jälkeen kirkolliseksi aiheeksi on annettu katoavat ja katoamattomat aarteet. Katoavat aarteet tiedämme hyvin, sillä kaikki maallinen katoaa. Sanoma katoamattomasta aarteesta löytyy Matteuksen evankeliumin seuraavista sanoista: ”Jos joku tahtoo kulkea minun jäljessäni, hän kieltäköön itsensä, ottakoon ristinsä ja seuratkoon minua. Sillä se, joka tahtoo pelastaa elämänsä, kadottaa sen, mutta joka elämänsä minun tähteni kadottaa, on sen löytävä.”
Tuossa tekstissä oma huomioni kiinnittyy ristin kantamiseen. Meidän jokaisen tiellemme tulee jonkinlaista ristin kantamista ennemmin tai myöhemmin. Joudumme kantamaan joko omaa ristiä tai läheisten ihmisten ristiä. Edes ateisti ei välty ristin kantamiselta mutta hän ei sitä välttämättä ristiksi tunnista eikä hän käytä vaikeuksistaan kristillisiä sanoja. Jeesus sanoo myös, että hänen ies on sovelias ja kuorma keveä. Miten ristin kantaminen voi olla kevyttä? Jos me ymmärrämme oman ristimme

merkityksen meille hyväksi, niin silloin rististä tulee tuo Kristuksen ies. Sen kantaminen on helpompaa, kun ymmärtää vaikeuksilleen tämän taivaaseen tähtäävän merkityksen. Kärsimyksessä on usein vaikeaa juuri se, että emme ymmärrä selittämättömän kärsimyksen merkitystä. Kun pidämme mielessä, että ristit kuuluvat meidän maalliseen matkaamme, niin silloin ies on sovelias ja kuorma kevenee.

Ristin kantamiseen kuuluu myös itsensä kieltäminen. Se joka kieltää itsensä, luopuu tavoittelemasta vain tämän maailman katoavia aarteita. Se merkitsee myös kieltäytymistä omasta itsekkyydestä ja jatkuvasta oman edun tavoittelemisesta, joihin olemme aina taipuvaisia. Itsensä kieltämisellä ja ristin kantamisella seuraamme Jeesusta, niin kuin hän sanoo. Itsensä kieltäminen ja ristin kantaminen on merkki siitä, että olemme oikealla tiellä, jonka päämäärä on taivas. Tällä matkalla ristit ovat meille jopa välttämättömiä. Ilman ristiä emme kääntyisi Jumalan puoleen ja ilman Kristuksen ristiä emme pelastuisi taivaaseen.

Kutsu Jumalan valtakuntaan

Jeesus matkalla Jerusalemiin

Jeesuksen yksi usein toistuvista opetuksista on Jumalan valtakunta eli taivas. Jumalan valtakunta tarkoittaa sitä paikkaa, jossa Jumala yksin hallitsee toisin kuin maa, jota ihminen hallitsee. Meille taivaan valtakunta tarkoittaa luonnollisesti taivasta, jonne me haluamme päästä kuoleman jälkeen. Muuta vaihtoehtoa emme edes painajaisunissakaan halua nähdä. Emme voi sanoa tarkkaan, missä taivaan valtakunta sijaitsee, koska se on meille näkymätön tässä ajassa. Jumalan valtakunta ei ole näkyvä kuten maalliset valtakunnat, eikä se ei ole sidottu aikaan tai paikkaan. Jumalan valtakunnalle on erityistä se, että vajavaisesti se on totta jo nyt, mutta kuitenkin sen tulemista rukoillaan. Hänen sanojen mukaan Jumalan valtakunta on ”teidän keskellänne ja sisäisesti teissä.”

Matkallaan Jerusalemiin Jeesus kutsui avukseen lisää opetuslapsia Jumalan valtakunnan sanoman levittämiseen. ”Niin opetuslapset lähtivät matkaan. He kulkivat kylästä kylään julistaen evankeliumia ja parantaen sairaita." Kahdentoista opetuslapsen lisäksi Jeesus kutsui myös muita ja hänen mukaan tarjoutui muita. Eräs pyrkijä halusi ensin käydä hautaamassa isänsä ja toinen mies halusi ensin käydä hyvästelemässä kotiväkensä. Jeesus sanoi heille: "Anna kuolleiden haudata kuolleensa. Lähde sinä julistamaan Jumalan valtakuntaa." Toiselle Jeesus sanoi: "Joka tarttuu auraan ja katsoo taakseen, ei ole sopiva Jumalan valtakuntaan."

Nämä Jeesuksen vastaukset kahdelle miehelle ovat hiukan vaikeita ymmärtää. Vastaukset eivät ole tarkoitettu meille otettavaksi ihan kirjaimellisesti. Jeesus tarkoitti nämä sanat heille, jotka pyrkivät seuraamaan Jeesusta välittömästi kuten muut opetuslapset. Siihen tehtävään ei voinut sisältyä muita tehtäviä, kun piti heti lähteä lähetystyöhön kylästä kylään. Jeesus kutsui lähetystyöhönsä vielä lisää opetuslapsia. "Tämän jälkeen Herra valitsi vielä seitsemänkymmentäkaksi opetuslasta ja lähetti heidät kaksittain edellään jokaiseen kaupunkiin ja kylään, johon hän aikoi itse mennä." Ottakaamme kutsu vastaan!

Kadonnut ja jälleen löytynyt

Jeesus aterialla Matteuksen luona

Kun Jeesus kaupungista lähtiessään kulki tulliaseman ohi, hän näki Matteus nimisen miehen istuvan siellä. Jeesus sanoi hänelle: "Seuraa minua", ja hän nousi ja lähti seuraamaan Jeesusta. Jeesus oli sitten aterialla hänen kodissaan. Sinne tuli myös useita publikaaneja ja muita syntisiä, ja he aterioivat Jeesuksen ja hänen opetuslastensa kanssa. Tämän nähdessään fariseukset sanoivat Jeesuksen opetuslapsille: "Kuinka teidän opettajanne syö yhdessä publikaanien ja muiden syntisten kanssa!" Jeesus kuuli sen ja sanoi: "Eivät terveet tarvitse parantajaa, vaan sairaat. Menkää ja tutkikaa, mitä tämä tarkoittaa: Armahtavaisuutta minä tahdon, en uhrimenoja."
Matteus istui tulliasemalla eli se tarkoittaa, että hän keräsi verorahaa sen ajan Rooman valtiolle. Evankeliumi rinnastaa Matteuksen syntisiin. Evankeliumissahan sanottiin, että Matteuksen kotiin tuli myös useita publikaaneja ja muita syntisiä. Selityksenä on ajateltu, että tällaisessa tulivirkailijan työssä tilai-

suus teki varkaan. Matteuksen asemassa oli helppo kavaltaa valtiolle kuuluvaa rahaa omaan taskuun. Jos Matteus olisi jatkanut hyvin tuottavaa työtään, hän olisi kadonnut Jeesuksen seuraajien joukosta.

Jeesus löysi kuitenkin Matteuksen ja kutsui hänet seuraajakseen. He menivät Matteuksen kotiin syömään. Matteus teki parannuksen ja liittyi Jeesuksen opetuslapseksi. Näin Matteus löysi pelastuksen. Tätä Jeesuksen käytöstä oppineet fariseukset paheksuivat Jeesuksen muille opetuslapsille. Onhan luonnollista, että yhteinen ateria merkitsee läheistä yhteenkuuluvuutta. Jeesus vastaa muutamalla lauseella fariseuksille.

Hän sanoo, että hän ei halua uhrimenoja vaan armahtavaisuutta. Hän tahtoi lopettaa Vanhan testamentin uhrikäytännön, koska tiesi oman tehtävänsä: hän itse on kertakaikkinen uhri ja hänen jälkeen ei enää muuta uhria tarvita. Syntimme on sovitettu. Meidän ei tarvitse millään uhrilla tai teolla lepyttää Jumalaa tai yrittää saada häntä siunaamaan elämäämme. Se ei edes millään keinoin onnistuisi. Jeesus sanoo meille kaikille: ”En minä ole tullut kutsumaan hurskaita, vaan syntisiä.”

Juhannus

Tien raivaaja

Johannes Kastaja oli Raamatun mukaan Herran edelläkävijä, jonka Jumala lähetti valmistamaan tietä Pojalleen. Johanneksen tulemista ennustaa Malkian kirja, joka on Vanhan testamentin viimeinen kirja. Malakian kirjassa sanotaan: Minä lähetän sanansaattajani raivaamaan edelläni tietä. Tämä tarkoittaa nimenomaan Johannes Kastajaa. Tämä ennustus sai ihmeellisen täyttymyksen jo Johannes Kastajan syntymässä. Kun Jeesus syntyi nuoresta neitsyestä, niin Johannes syntyi puolestaan iäkkäästä Elisabetista. Johannes Kastajan syntymä merkitsi uuden aikakauden alkua. Jumala oli tekevä suuria tekoja kansansa keskuudessa. Lapselle annettu nimi Johannes merkitsee "Jumala on armollinen."

Kun Jeesus aloitti julkista toimintaansa suunnilleen kolmenkymmenen vuoden iässä, saarnasi Johannes Jordanin seudulla kehottaen ihmisiä tekemään parannuksen syntisestä elämästään ja ottamaan kasteen syntien anteeksiantamiseksi. Me muistamme hyvin tä-

män tulisen saarnaajan ankarat elämäntavat, joista Matteus kertoo: Johanneksella oli puku kamelinkarvoista ja vyötäisillään nahkavyö; ja hänen ruokanaan olivat heinäsirkat ja metsähunaja. Raamattu ei kerro Johannes Kastajan aikaisemmasta elämästä.

Jeesus puolestaan ylisti Johannes Kastajaa suurimmaksi vaimoista syntyneiden joukossa. Herää kysymys, arvostiko Jeesus Johanneksen näin korkealle hänen askeettisten elämäntapojensa vuoksi? Emme ylistä Johannes Kastajaa hänen askeettisen elämänsä tai hänen tekojensa tähden, vaan hänen jumalallisen kutsumuksensa tähden. Martti Luther sanoo, että vaikka kaikkien profeettojen teot olisivat kasaksi kasattuina, eikä niiden yhteydessä olisi mitään sanaa, kaikki olisi merkityksetöntä, kaikki olisi turhaa. Mikään teko ei koskaan voi olla itsessään suuri ellei se ole liitetty Jumalan sanaan. Jos esimerkiksi ihmisen sydämessä uskon kautta ei ole sanaa, hänen teot eivät ole Jumalasta vaan ihmisestä, joilla ennen pitkää on jokin itsekäs motiivi. Koska siis Johanneksella oli hänen sanansa, ovat hänen tekonsakin Jeesuksen edessä suuret, eivät tosin tekojen tärkeyden, vaan uskon tärkeyden mukaan.

Apostolien päivä

Herramme lähettiläät

Jeesus nousi vuorelle. Hän käski luokseen ne, jotka hän oli valinnut, ja he lähtivät hänen mukaansa. Nämä kaksitoista Jeesus kutsui olemaan kanssaan lähettääkseen heidät saarnaamaan ja valtuuttaakseen heidät karkottamaan saastaisia henkiä: Simon, jolle hän antoi nimen Pietari, Jaakob Sebedeuksen poika ja tämän veli Johannes, joille hän antoi nimen Boanerges - se merkitsee: ukkosenjylinän pojat - sekä Andreas, Filippus ja Bartolomeus, Matteus, Tuomas ja Jaakob Alfeuksen poika, Taddeus, Simon Kananeus ja Juudas Iskariot, sama joka kavalsi hänet.
Näin Jeesus kutsui opetuslapset Markuksen evankeliumin mukaan. Heidän kunniaksi vietämme juhannuksen jälkeen apostolien päivää. Sana apostoli merkitsee lähettilästä tai lähettiä. Näitä apostoleja me saamme kiittää siitä, että sanoma Jeesuksesta ja hänen merkityksestään kirjoitettiin oikein Raamattuun. Kun alussa valittiin kokoelma Uuden testamentin kirjoituksia, yhtenä perusteena oli,

että niiden piti ehdottomasti olla apostolista alkuperää

Kun opetuslapset kohtasivat omin silmin ylösnousseen Mestarinsa, he saivat uuden voiman ja rohkeuden. Heistä tuli apostoleja, jotka henkensä kaupalla kulkivat kylästä kylään julistaen ja opettaen. Valitettavasti Raamattu ei kerro apostolien myöhemmästä elämästä juuri mitään lukuun ottamatta Paavalia. Raamatun ulkopuolisista lähteistä on saatu viitteitä siitä, että lähes kaikki apostolit kuolivat marttyyreinä.

Ilman apostoleja, heidän seuraajiaan ja heidän myöhempiä koulukuntiaan meillä ei olisi oikeaa oppia. Silloin uskomme olisi hajanaista hengellisyyttä, jossa jokainen yrittäisi tulla autuaaksi omalla uskollaan. Valitettavasti sellaistakin uskoa on paljon. Ajatellaan ehkä, että uskosta valitaan vain se, mikä tuntuu itsestä hyvälle tai sitten hengellisyys on ikään kuin yksi jalo harrastus muiden joukossa. Keinoja ja tarjontaa riittää tällaisen uskon hoitamiseen. Tällainen apostolien linjasta poikkeava usko ei pelasta meitä taivaaseen tämän elämän jälkeen. Apostolista opetusta seuraten saamme siunauksen sekä itselle, läheisillemme, seurakunnalle ja kotimaallemme.

Rakkauden laki

Niin kuin te tahdotte ihmisten tekevän teille, tehkää sanoin heille

Tämä Jeesuksen lause voisi muuttaa koko maailman. Tämä saman sisältöinen sääntö tunnetaan monissa eri muodoissa ja monissa eri kulttuureissa. Martti Luther kutsuikin sitä "koko maailman laiksi." Tämän ohjeen käyttö olisi äärimmäisen helppoa mutta siitä huolimatta sen toteutus elämässä näyttää olevan mahdottoman vaikeaa.

Joku on halunnut vesittää Jeesuksen opetuksen juuri sillä, että tunnettiinhan tämä sääntö jo ennen Jeesustakin. No, emme me kristityt ole muuta väittäneetkään. Emme me olisi lainkaan kateellisia, jos jossain tätä sääntöä yritettäisiin tosissaan noudattaa muuallakin kuin kristityissä maissa, olkoot kultaisen säännön sanamuodot miten tahansa. Kuinka kävisi, jos vaikka israelilaiset noudattaisivat Jeesuksen aikalaisen juutalaisen rabbi Hillelin opetusta: "Älä tee toiselle ihmiselle mitään sellaista, mitä et tahdo itsellesi tapahtuvan."

Entä jos Israelia ympäröivät Arabimaat noudattaisivat vastaavasti islamin profeetta Mohammedin opetusta: " Tulee karttaa tekemästä toiselle sellaista vahinkoa, mitä ei halua näiden aiheuttavan itselleen." Jos siis ei halua, että pommeja sataa omaan maahan, niitä pommeja ei kannattaisi ampua rajan yli naapurimaahan.

Mutta eipä meillä suomalaisillakaan ole varaa kehua. Miten on meidän työttömät, sairaat, yksinhuoltajat, pienellä eläkkeellä sinnittelevät, veteraanit ja niin monet muut, jotka jostain syystä ovat jääneet liian heikkoon asemaan.

Kultaisen säännön oikea käyttö ohjaa eläytymään toisen ihmisen osaan. Sairaan, huonoissa oloissa ja puutteessa elävän pitkäaikaistyöttömän tai vastoinkäymisten keskellä kamppailevan elämäntilanteeseen on paneuduttava kuin se olisi minun omani. Olemmeko me asettuneet heidän asemaan? Meitä koskee koko Raamattu ja siellä sanotaan myös näin: "Totisesti minä sanon teille: kaikki, mitä olette tehneet yhdelle näistä minun vähimmistä veljistäni, sen te olette tehneet minulle."

Kirkastussunnuntai

Kirkastettu Kristus

Jeesus otti kirkastusvuorelle mukaansa kolme apostolia, jotta meillä heidän todistuksensa perusteella olisi luotettava tieto siitä, mitä siellä tapahtui. Nämä kolme olivat Pietari, Jaakob ja Johannes. Toisessa korinttolaiskirjeessä sanotaan että jokainen asia on vahvistettava kahden tai kolmen todistajan sanalla, muuten asialla ei ole seurakuntaa sitovaa merkitystä. Ilman heitä olisi ollut vaikea uskoa tapahtumaa vain Jeesuksen kertomana. Tämän lisäksi kirkastusvuoren tapahtumat on kerrottu myös kolmessa evankeliumissa: Matteuksen, Markuksen ja Luukkaan evankeliumeissa.

Näin ollen Jeesuksen ihmeellinen kirkastuminen ei ollut mitään keksittyä tarinaa vaan täyttä totta. Lyhyt Jeesuksen kirkastumisen hetki avasi heidän silmänsä uudenlaiseen maailmaan, Jumalan valtakuntaan. Vuorella tapahtui jotain odottamatonta. Jeesuksen ulkomuotonsa muuttui heidän nähtensä. Hänen kasvonsa loistivat kuin aurinko ja hänen vaatteensa tulivat valkeiksi kuin valo. Jeesuksen kirkkaus tuli sisältäpäin. Opetuslapset saivat nyt nähdä Jeesuksesta jotain jumallista. Tämä ennakoi hänen tulevaa kirkkauttaan taivaan ja maan kuninkaana.

Tuo lyhty hetki taivaallisessa kirkkaudessa kannatteli näiden kolmen opetuslapsen elämää ja uskoa pitkän aikaa, vaikeuksien ja tulevien tuskien hetkien läpi. Samalla tavoin kun Jumala vahvisti Poikansa jumalallisen pappeuden kasteessa Jordan viralla, samalla tavoin hän nyt valmisti Poikaansa tulevaan tehtävään, kärsimykseen, kuolemaan ja ihmiskunnan syntien sovitukseen.

Myös opetuslapset tarvitsivat vahvistumista, jotta he kestäisivät myöhemmin tulevat pääsiäisen tapahtumat. Jumala antoi näille kolmelle tärkeälle opetuslapselle näkymän Jeesuksen kirkkaudesta, jota he eivät koskaan unohtaisi. Nyt hän näytti kirkkautensa valitsemilleen apostoleille. Heillä oli etuoikeus nähdä kirkastettu Jeesus Kristus. Se, että Jeesus oli luvattu Messias ja Jumalan Poika, oli avainkysymyksiä Jeesuksen toiminnassa. Hän halusi, että ihmiset uskoisivat sen hänen tekojensa nojalla, kun hän paransi sairaita ja herätti kuolleita.

Totuus ja harha

Varokaa vääriä profeettoja

Meidän kristillisessä maassamme Jumalan sana ei kaikkia kiinnosta. Meidän elämämme on tässä ajassa niin rikasta ja monipuolista aineellisesti, että varsinainen elämämme tärkein asia voi hukkua monen muun hauskemman harrastuksen alle. Silloin on vaarana, että totuus ja harha sekoittuvat elämässämme monen julistuksen vaikutuksesta. Jeesus varoittaa: ”Varokaa vääriä profeettoja.” Profeettoja esiintyy ennen muuta Vanhassa testamentissa ja he julistivat aikanaan parannusta kansalle ja ennustivat Messiaan tuloa. Tavallisimmin profeettojen ajan sanotaan alkavan Abrahamin ajasta ja päättyvän Johannes Kastajan aikaan. Nämä olivat niitä Jumalan valitsemia oikeita profeettoja. Jumala puhui näille profeetoille suoraan ja Jumala saattoi näyttää heille jopa jotain taivasnäkyjä.

Jeesuksen jälkeen tilanne alkoi muuttua. Siihen asti yhtenäinen uskonto muuttui Jeesuksen julistuksen takia. Tilanne oli otollinen monille tulkinnoille ja sitä kautta monille profeetoille. Jeesus varoitti, että hänen jälkeen "monta väärää profeettaa ilmaantuu ja he johtavat useita harhaan." Uuden testamentin syntyaikoina tästä tuli usein todellinen ongelma. Ratkaiseva virhe väärällä profeetalla oli oman edun tavoittelu. Väärä profeetta opetti saadakseen vaikutusvaltaa. Profeettana esiintyjä sai liikaa valtaa, jos muut eivät tienneet asioista tarpeeksi. Jeesus sanoi, että he tulevat lampaiden vaatteissa, mutta sisältä he ovat raatelevia susia. Heidän motiivina on kuitenkin jokin itsekäs tarkoitus. Väärällä profeetalla on todellisena motiivina jokin muu, kuin Jeesuksen evankeliumi. Useimmiten motiiviksi muodostuu hengellinen valta tai raha. Näitä vääriä profeettoja esiintyy vieläkin jokaisen uskonnonääriliikkeissä. On hyvä tietää, että ihan mikä tahansa raamatunselittäjä ei edusta apostolista perintöä ja vääriä pikkuprofeettoja tulee jatkossakin olemaan. Meidän pitää osata tunnistaa tällainen väärä profeetta. Jeesus sanoi vääristä profeetoista: "Hedelmistä te heidät tunnette." Tästä jokainen voi tarkistaa, kuka on väärä tai oikea profeetta.

Uskollisuus Jumalan lahjojen hoitamisessa

Jokaisella on armolahja

Herra sanoi: "Kuka on uskollinen ja viisas taloudenhoitaja, sellainen jonka isäntä asettaa huolehtimaan palvelusväestään ja jakamaan vilja-annokset ajallaan? Autuas se palvelija, jonka hänen isäntänsä palatessaan tapaa näin tekemästä! Totisesti: hänen hoitoonsa isäntä uskoo koko omaisuutensa." Jeesus käyttää tässä vertausta, jossa päähenkilönä on taloudenhoitaja. Hänet on laitettu paljon haltijaksi, koska isäntä on rikas. Isäntä tarkoittaa Jumalaa tai yhtä hyvin myös Jeesus Kristusta, jolle Jumala on antanut kaiken vallan taivaassa ja maan päällä.

Me olemme jokainen näitä Jumalan taloudenhoitajia. Ne, joille me jaamme vertauskuvallisesti noita vilja-annoksia, ovat meidän lähimmäisiämme. Vilja-annos voi kuvata mitä tahansa Jumalalta saatua lahjaa, joita me käytämme elämässämme. Meillä jokaisella on jokin oma armolahja, jossa olemme hyviä.

Tekstin vertauksen perusteella voimme kysyä itseltämme, olemmeko tuhlanneet Jumalan lahjat itsekkäästi omiin tarkoituksiimme vai olemmeko käyttäneet ne isännän tahdon mukaisesti.

Raamatussa Paavali sanoo, että kukin meistä on saanut oman armolahjansa. Paavali sanoo myös, että Pyhä Henki "jakaa kullekin omat lahjansa niin kuin tahtoo." Näiden lahjojen tarkoituksena on, että seurakunta pystyy toteuttamaan sille uskotun tehtävän. Paavali sanoi, että armolahjoja niin kuin palvelutehtäviäkin on monenlaisia.

Kaikki ei tarvitse olla jotain suurta ja ihmeellistä. Koska Pyhä Henki jakaa lahjoja siten kuin näkee sopivaksi, mitään lahjaa ei tule halveksia eikä vähätellä. Kenenkään ei pidä tulla ylpeäksi eikä kenenkään tarvitse tuntea huonommuutta, jos hänellä ei ole näyttäviä lahjoja. Suurimmat teot tehdään nimittäin ihan tavallisen arjen keskellä ihan tavallisten uskovien kautta. Näitä lahjoja, mitä ne sitten meillä kullakin ovatkaan, meidän tulee uskollisesti hoitaa. Lähimmäisenrakkautta toteuttamalla me voimme hoitaa uskollisesti Jumalan lahjoja.

Etsikkoaikoja

Kaupunkien etsikkoajat

Jeesus alkoi soimata niitä kaupunkeja, joissa hän oli useimmat voimatekonsa tehnyt, siitä etteivät ne olleet tehneet parannusta: "Voi sinua, Korasin! Voi sinua, Betsaida! Jos teidän kaduillanne tehdyt voimateot olisi tehty Tyroksessa tai Sidonissa, niiden asukkaat olisivat jo aikoja sitten verhoutuneet säkkiin ja tuhkaan ja kääntyneet. Minä sanon teille: Tyros ja Sidon pääsevät tuomiopäivänä vähemmällä kuin te. Entä sinä, Kapernaum, korotetaanko sinut muka taivaaseen? Alas sinut syöstään, alas tuonelaan saakka! Jos sinun kaduillasi tehdyt voimateot olisi tehty Sodomassa, se olisi pystyssä vielä tänäkin päivänä. Minä sanon: Sodoman maa pääsee tuomiopäivänä vähemmällä kuin sinä." Tekstissä Jeesus mainitsee yhteensä kuusi kaupunkia. Evankeliumi on hiukan erikoinen, kun Jeesus moittii ankarasti näitä kaupunkeja etsikkoajan hylkäämisestä. Jeesus mainitsi Kapernaumin näistä kaupungeista vielä erikseen, koska se oli erityisessä asemassa muihin nähden. Kapernaum ansaitsi erityisen kovan tuomion, koska Jeesus toimi siellä paljon. Kapernaumin asukkaille oli tarjoutunut lukuisia mahdollisuuksia nähdä ja kuulla Jeesusta. Heidän välinpitämättömyytensä Jumalan valtakunnan evankeliumille oli vieläkin raskaampi laiminlyönti kuin muiden kaupunkien kohdalla. Jeesuksen ei mainita käyneet kauempana olevien Tyroksen ja Sidonin kaupungeissa.

Kun Jeesus puhuttelee tekstissämme kaupunkeja hän muistuttaa samalla, että Jumalasta pois kääntymisen synnillä on useita eri tasoja. Henkilökohtaisten syntien lisäksi on kaupunkien ja jopa kansakuntien syntejä. Kokonainen kansa voi olla ateistinen tai palvoa epäjumalia. Näistä viimeksi mainituista on esimerkkejä erityisesti Vanhan testamentin kirjoituksissa.

Yksilöllisyyttä korostavassa suomalaisessa kulttuurissa kristittyinäkin olemme taipuvaiset rajoittamaan vastuumme vain henkilökohtaisiin synteihimme. Mutta parannuksessa on sanouduttava irti myös yhteisöllisistä synneistä ja myös niistä ja niiden seurauksista on varoitettava. Meidän ajassamme on varottava erityisesti siitä, että emme etäänny Jumalasta yleisen mielipiteen mukana jonkun yhteisön vaikutuksesta.

Itsensä tutkiminen

Itsensä ylentäminen

Jeesus sanoo: "Joka itsensä ylentää, se alennetaan, ja joka itsensä alentaa, se ylennetään." Mihin tämä Jeesuksen lausuma johtaa tänä päivänä? Eikö tänä päivänä mennä juuri päinvastoin: joka itsensä ylentää, se menestyy, ja joka itsensä alentaa, se syrjäytyy. Monenlaiset itsensä kehittämisen kirjat ja kurssit tähtäävät itsensä korottamiseen ja korkeaan omanarvontunteeseen, jolla pyritään pärjäämään joka tilanteessa. Ollaan rajoilla, jossa ylpeys on lähellä.

Ylpeys on omaan erinomaisuuteen rakastumista. Siinä asetutaan toisen yläpuolelle. Joidenkin mielestä ylpeys on tavoiteltava ja positiivinen voimavara ja siihen saatetaan jopa tähdätä. Se tuntuu melkein samalta kuin ilo, rakkaus ja tyytyväisyys. Ylpeyden ei välttämättä tarvitse perustua mihinkään mutta useimmiten sille löytyy ihan oikea syykin. Elämässähän on ihan normaalia, että toinen on aina jossain minua parempi. Sitten on vielä todella lahjakkaita, ammattitaitoisia, välkkyjä ja rikkaita ihmisiä. Paremmuus ei suoraan merkitse ylpeyttä. Synti on vain siinä, kuinka tällainen toista parempi suhtautuu lähimmäiseen. Uskossa ylpeys on synti.

Entä mitä tarkoittaa Jeesuksen tarkoittama alentamisen tie? Jeesus tarkoittaa itsensä alentamisella luopumista ylpeydestä, itsekkyydestä ja omahyväisestä elämästä ja se merkitsee Kristus-keskeisen elämän löytymistä. Tämä kaikki merkitsee usein myös nöyrän tien kulkemista. Nöyryys ei ole erityisen valovoimainen ominaisuus näinä päivinä. Kuitenkin vain nöyrään sydämeen voi Jeesus tulla. Hän moitti jatkuvasti ylpeitä ja omahyväisiä fariseuksia. Opetuslapset alensivat itsensä aivan konkreettisesti. Pietari kysyikin Jeesukselta: "Me olemme luopuneet kaikesta ja seuranneet sinua. Mitä me siitä saamme?" Heidät ylennettiin alentamisen ja jopa marttyyrikuoleman kautta pyhiksi apostoleiksi. Jeesus vastasi opetuslapsilleen: ”Jokainen, joka minun nimeni tähden on luopunut talostaan, veljistään tai sisaristaan, isästään, äidistään tai lapsistaan tai pelloistaan, saa satakertaisesti takaisin ja perii iankaikkisen elämän.”

Jeesus parantajamme

Sokeat saavat näkönsä ja näkevistä tulee sokeita

Jokainen on kuullut nuo Jeesuksen sanat, jotka viittaavat Johanneksen evankeliumin lukuun yhdeksän. Jeesus sanoi nämä sanat, kun hän paransi syntymästä saakka olevan sokean. Opetuslapset kysyivät Jeesukselta: ”kuka on tehnyt sen synnin, jonka vuoksi hän on syntynyt sokeana, hänkö itse vai hänen vanhempansa”? Silloin ajateltiin, että sairaus on ilman muuta synnin seuraus. Jeesuksen vastaus tähän on selkeä, kun hän sanoo, että ei hän eikä hänen vanhempansa ole tehneet syntiä, joka olisi syynä sokeuteen.
Tämä meidänkin täytyy muistaa, silloin kun meitä kohtaa jokin sairaus. Sairauden kivuissa me varmasti käymme mielessämme elämäämme läpi ja etsimme sieltä syitä. Vaikka tuo parannusihme oli vertaansa vailla, niin Jeesuksella oli vielä suurempi asia taustalla. Hän lähetti miehen Siloan altaalle ja tuo nimi merkitsee ”lähetetty.” Jeesus tiesi, että tätäkin hänen parannustekoaan kuulutetaan

maan äärissä aina viimeiseen päivään asti. Siksi hän viittasi tuon Siloan altaan nimeen muistuttaakseen, että hänet on lähetetty parantamaan vielä suuremmasta sairaudesta, nimittäin parantamaan ihmiskunta sen synneistä.

Sairaudella voi olla yksittäistapauksessa jokin tarkoitus, jolla Jeesus puhuttelee meitä niin, että se koituu meidän parhaaksi. Näin voi olla silloin, jos joku on suhtautunut liian välinpitämättömästi Jumalan sanaan. Mutta mikä on sairauden merkitys silloin, jos joku harras uskovainen kärsii? Tiedän, että on sellaisia ihmisiä, jotka elävät kärsimyksissä jonkinlaista Jobin osaa vuosikymmeniä. Tätä kysymystä on pohdittu kaksi tuhatta vuotta ja siihen ei ole löytynyt yksiselitteisen oikeaa vastausta. Olisiko meidän parempiosaisten silloin pohdittava, mitä merkitsee Jeesuksen vastauksen jatko opetuslapsilleen sokean syyllisyydestä: ”Niin on tapahtunut, jotta Jumalan teot tulisivat hänessä julki.” Meidän tulisi tehdä jotain johtopäätöksiä sairaan auttamiseksesi, jotta me näkevät emme olisi sokeita näkemään sitä, mikä on Jumalan tahto.

Lähimmäinen

Leskivaimon kaksi lanttia

Jeesus istui vastapäätä Jerusalemin temppelin uhriarkkua ja katseli, kuinka ihmiset panivat siihen rahaa. Tuli köyhä leskivaimo, joka pani arkkuun kaksi lanttia. Hän antoi vähästään ja siksi hän antoi enemmän kuin rikkaat. Kuinka köyhä leskivaimo tahtomattaan lunasti kahdella lantillaan paikkansa Raamatusta. Miksi Jeesus antoi tälle pienelle tapahtumalle niin suuren arvon, että leskivaimoa ja hänen kahta lanttia muistetaan tänäkin päivänä ympäri koko kristikunnan?

Jerusalemin temppelin esipihalla olevaan uhriarkkuun laitettava raha ei ollut ihan mikä tahansa kolehti, vaan niillä varoilla uhrattiin Jumalalle. Leskivaimon lantit, kuten rikkaiden kultarahat, oli tarkoitettu suoraan Jumalalle. Rikkaiden uhrissa ei ollut mitään vikaa. Jeesus näki monella rikkaalla olevan väärän asenteen. Uhrin antamisessa saattoi olla näyttämisen ja hurskastelun makua. Jeesus sanoi: "Totisesti: tämä köyhä leski antoi enemmän kuin yksikään toinen. Kun rikkaat olivat antaneet liiastaan, hän antoi vähästään, kaiken mitä hän elääkseen tarvitsi."

Uhrillaan nainen osoitti luottamuksensa Jumalaan ja Jumalaan kohdistuvan rakkautensa suuruuden. Nainen tiesi lain suurimman käskyn: rakasta Jumalaa yli kaiken. Näin hän myös teki ja jätti koko elämänsä Jumalan varaan luottaen siihen, että Jumalan pitävää hänestä huolen. Leskivaimo ei jättänyt edes sitä toista lanttia itselleen. Hän teki niin kuin Jeesus kehottaa Matteuksen evankeliumissa: Älkää siis huolehtiko huomispäivästä, se pitää kyllä itsestään huolen. Kullekin päivälle riittävät sen omat murheet.

Jumalan hyvyyteen meidän tulee vastata aidolla lähimmäisenrakkaudella. Me kristityt emme kuitenkaan suoraan uhraa Jumalalle. Paavali kirjoittaa oikeasta uhraamisesta roomalaiskirjeessään. "Jumalan armahtavaan laupeuteen vedoten kehotan teitä, veljet: Antakaa koko elämänne pyhäksi ja eläväksi, Jumalalle mieluisaksi uhriksi. Näin te palvelette Jumalaa järjellisellä tavalla." Siinä meillä on ohjetta kerrakseen, mitä pitää uhrata ja köyhä leskivaimo antaa esimerkin millä asenteella meidän tulee uhrata.

Kiitollisuus

Kiittäkää Herraa, Hän on hyvä

Kirkkovuodessa loppukesästä yksi jumalanpalveluksen teema on kiitollisuus. Raamatussa on kiitollisuudesta esimerkkejä, joista yksi ehkä tunnetuin on kertomus kymmenestä spitaalisesta miehestä. Vain yksi palasi kiittämään Jeesusta. Yhdeksän muuta olivat kiittämättömiä ja tyytyväisinä menivät omille teilleen. Entä kuinka on meidän kiitollisuutemme aita? Meidän elämämme on täynnä Jumalan lahjoja ja emme edes ajattele, että ne ovat häneltä tulleet.

Ajattelemme normaalisti, että me itse olemme työllämme ansainneet kaiken. Kaiken takana on kuitenkin Jumala. Hän on antanut terveyden ja työn ja sitä kautta kaiken muunkin. Jos ajattelemme koko kristikuntaa, niin kuinka vähän kiitämmekään Jumalaa. Tästä Martti Luther ottaa osuvan esimerkin: ”Näin kiittämättömästi ei elä edes sikakaan. Sika tuntee, kuka sille antaa ruokaa ja pahnoja ja juoksee hoitajansa perässä ja ääntelee kiitokseksi. Mutta maailma ei tunne Jumalaansa. Maailma ei välitä Hänestä, joka tekee sille hyvää, saati sitten kiittää Häntä." Luther saattaisi olla edelleen samaa mieltä meidän kiittämättömyydestämme Jumalaa kohtaan.

Itse olen viime vuosina tullut yhä kiitollisemmaksi Jumalalle. Tämä johtuu tietenkin siitä kovasta koulusta, jota kävin edesmenneen vaimoni sairauden johdosta. Vakavan sairauden rinnalla huomaa, että mikään ei ole itsestään selvyys. Olen ollut eläkkeellä jo muutaman vuoden, kun kirjoitan tätä. Joka päivä kiitän Jumalaa siitä, että itse olen vielä toistaiseksi saanut terveenä ja hyvissä voimissa nousta aamuilla uuteen päivään. Olen jokseenkin varma, että jokaisen eläkeläisen suurin toive on terveys. Meidän tulisi olla kiitollisia kaikista pienistäkin jokapäiväisistä tapahtumista. Tätä läksyä taitaa pikku hiljaa oppia sitä mukaa, kun ikää karttuu. Kuinka paljon meillä suomalaisilla olisi aihetta kiitokseen. Kun katsomme uutiskuvia, niin voimme yhtyä tähän Martti Lutherin ohjeeseen: "Jospa oppisimme vähemmän valittamaan sitä, mitä meiltä puuttuu ja enemmän kiittämään siitä, mitä meillä on. Se tekisi elämämme valoisammaksi."

Jumalan huolenpito

Jumala ja mammona

Me suomalaiset lankesimme mammonan ansaan 1980 –luvun lopussa. Pörssikurssit nousivat nopeasti nelinkertaiseksi ja asuntojen hinnat kaksinkertaiseksi. Kasinotalouden aikaa ei kestänyt kuin muutaman vuoden, kun tuli pankkikriisi. Me suomalaiset olimme kuitenkin ryhdikkäitä, kun sekä valtio että veronmaksajat pelastivat maamme pankit. Tässä kohdassa voisi olla hyvä kiittää niin sanottua luterilaista etiikkaa, joka usein nähdään kielteisessä merkityksessä elämän pilaajana. Jeesus varoittaa maallisista aarteista. "Älkää kootko itsellenne aarteita maan päälle. Täällä tekevät koi ja ruoste tuhojaan ja varkaat murtautuvat sisään ja varastavat. Kootkaa itsellenne aarteita taivaaseen."

Elämän suunta voi liiaksi kiinnittyä väärään suuntaan. Luther muotoilee osuvasti Isossa katekismuksessa: "Moni ajattelee, että hänellä on Jumala ja kaikkea tarpeeksi, kun hänellä on rahaa ja omaisuutta. Hän luottaa siihen ja rehentelee sillä niin itsevarmana, ettei piittaa kenestäkään yhtään mitään. Huomaa: Jumala hänellä onkin, nimeltään mammona, toisin sanoen raha ja omaisuus. Siihen hän luottaa koko sydämestään, sehän onkin maailman yleisin epäjumala. Jolla on rahaa ja omaisuutta, tuntee olevansa turvassa. Hän on iloinen ja peloton aivan kuin istuisi keskellä paratiisia. Ja päinvastoin: joka ei omista mitään, se epäilee ja vaipuu epätoivoon aivan kuin ei tietäisi Jumalasta mitään. Todella vähän on niitä, jotka mammonaa omistamattakin ovat hyvällä mielin eivätkä sure ja valita."

Raha ja sillä saatava omaisuus ja maalliset aarteet eivät itsessään ole pahaa. Rahasta tulee paha vasta sitten, jos rakastumme rahaan, ahnehdimme sitä koko ajan lisää tai jos olemme kateellisia rahan tai omaisuuden vuoksi toiselle. Ensimmäisessä Timoteuksen kirjeessä sanotaan: Rahaa havitellessaan monet ovat eksyneet pois uskosta ja tuottaneet itselleen monenlaista kärsimystä. Jos rahaa on, sen kanssa on osattava elää oikein Jumalan tahdon mukaan. Mutta jos rahaa on paljon, on suuri vaara, että se alkaa määrätä meidän arvojamme. Jeesus varoittaa, että te ette voi palvella sekä Jumalaa että mammonaa.

Jeesus antaa elämän

Ota vuoteesi ja kävele

Jeesus vastasi juutalaisille näin: "Totisesti, totisesti: ei Poika voi tehdä mitään omin neuvoin, hän tekee vain sitä, mitä näkee Isän tekevän. Mitä Isä tekee, sitä tekee myös Poika. Isä rakastaa Poikaa ja näyttää hänelle kaiken, mitä itse tekee. Hän näyttää Pojalle vielä suurempiakin tekoja, sellaisia, että hämmästytte. Niin kuin Isä herättää kuolleet ja antaa heille elämän, niin antaa myös Poika elämän kenelle tahtoo.

Teksti on tyypillistä Johanneksen evankeliumin tekstiä. Sama asia toistuu uusin sanakääntein. Näissä jakeissa korostuu Isän ja Pojan läheinen suhde. Teksti päätyy otsikon teemaan sanoilla: Poika antaa elämän kenelle tahtoo. Näissä jakeissa Jeesus vastaa millä valtuuksilla hän tekee ihmetekoja. Asian taustalla on juuri tapahtunut parannusteko. Jeesus on juuri parantanut miehen, joka oli ollut halvaantuneena kolmekymmentäkahdeksan vuotta. Jeesus sanoi siinä yhteydessä nämä kaikkien tuntemat sanat: Ota vuoteesi ja kävele. Kun tuo parantunut mies kantoi vuodettaan sapattina, se herätti huomion. Näin Jeesusta alettiin syyttää sapatin rikkomisesta. Sen lisäksi hän teki sanoillaan itsensä Jumalan vertaiseksi.

Kuinka Jeesus antaa meille elämän? Ensiksi Jeesus on antanut meille elämän lahjan jo alusta lähtien. Ilman häntä ei olisi meitä eikä olisi yleensäkään mitään elollista elämää. Sekä Jumala että Poika ovat kaiken elämän lähde. Tämän elämän lahjan jälkeen meille tärkeää on se, että Jeesus antaa synnit anteeksi. Hän otti kerran päälleen koko ihmiskunnan synnin, kantoi sen ristin puulle omassa ruumiissaan ja sovitti syntimme. Näin Jeesus antaa iankaikkisen elämän sille, joka häneen uskoo. Edelleen Jeesus jatkaa tätä samaa aihetta Johanneksen viidennessä luvussa: Tulee aika, jolloin kaikki, jotka lepäävät haudoissaan, kuulevat hänen äänensä. He nousevat haudoistaan, hyvää tehneet elämän ylösnousemukseen, pahaa tehneet tuomion ylösnousemukseen. Näissä jakeissa Jeesuksen puhe tarkoittaa selvästi lopun aikaa. Hänen ääni antoi elämän ja siksi kuolon uneen nukkuneet voivat kuulla sen. Kuoleman jälkeen hän antaa meille iankaikkisen elämän.

Kristityn vapaus

Perinnäissäännöt

Fariseukset ja lainopettajat kysyivät Jeesukselta: "Miksi sinun opetuslapsesi eivät elä isien perinnäissääntöjen mukaan, vaan aterioivat epäpuhtain käsin"? Hän vastasi heille: Te olette hylänneet Jumalan käskyn ja noudatatte ihmisten perinnäissääntöjä. Näin te perinnäissääntöjä seuratessanne ja opettaessanne teette tyhjäksi Jumalan sanan. Ja paljon muutakin samanlaista te teette."

Jeesuksen aikana ja ennen häntä fariseukset ja kirjanoppineet suorastaan kiivailevat perinnäissääntöjensä puolesta. Mooseksen kymmenen käskyn jälkeen oli vielä yli kuusisataa erilaista sääntöä, joita piti noudattaa. Siihen tehtävään tarvittiin fariseusten ja kirjanoppineitten koulukunta. Esimerkiksi pyhän ja epäpyhän säännöt olivat osa sitä lain suullista selittämistä, jota kirjanoppineet harjoittivat. Toinen tärkeä lainkeskittymä oli sapatin vietto ja siihen liittyvät säännökset. Näistä säädöksistä muodostui kiinteäksi muodostunut Vanhan testamentin oppitraditio. Sitä opetettiin kirjanoppineiden kouluissa, ja sitä varjeli huippuunsa kehitetty ulkoa oppimisen taito. Kaikkien näiden säädösten alla Jeesuksen ajan juutalaisten piti elää.

Kristityn vapaus nousee Jumalan armosta. Hengellinen vapaus kukoistaa kaikkialla, missä Kristus on läsnä ja avaa sydämemme evankeliumin ilosanomalle. Tätä vapautta ei kukaan voi viedä meiltä pois, eikä sitä voi ulkoisin olosuhtein kahlita.

Martti Luther selittää lain tulkintaa näin: On tiedettävä ja pidettävä mielessä Jeesuksen itsensä antama sääntö: Mikään laki, olkoon se inhimillinen tai jumalallinen, ei ole sitä pitemmälle kuin rakkaus ulottuu. Rakkaus olkoon kaikkien lakien selitys. Sen puuttuessa kaikki on jo menetetty. Kaikki lait on sovellettava rakkauden osoittamalla tavalla ja niitä noudatettakoon siten, että niistä on lähimmäiselle hyötyä. Kun vanhan liiton aikana lakia ei ymmärretty eikä sitä rakkauden mukaan lievennetty, antoi Jumala profeettoja, joiden tuli selittää lakia eikä käyttää sitä ankaruuden vaan rakkauden mukaan. Luther sanoo vielä, että saat oikeuden höllentää käskyjä, jotka pyrkivät haittaamaan sinua rakkauden harjoittamisessa.

Mikkelinpäivä

Jumalan sanansaattajat

Joka syksy vie tämme Mikkelinpäivää. Pyhä on nimetty arkkienkeli Mikaelin mukaan ja vietämme pyhää kaikkien enkelien muistoksi. Enkelit ovat aina kiinnostaneet meitä, koska Raamatussa on heistä lukuisia mainintoja. Lisäksi jotkut ihmiset ovat jopa nähneet enkeleitä meidänkin ajassamme. Irlannissa asuu eräs nainen, joka näki enkeleitä jo pienestä lapsesta alkaen. Hänen äitinsä ihmetteli, miksi tyttö niin paljon hymyillessään katsoo äidin ohi, kun äiti peitteli tyttöä sänkyyn. Tyttö näki sängyn vieressä enkeleitä, joille hän hymyili. Kun tyttö kasvoi, hänelle pikku hiljaa selvisi, että muut lapset eivät näekään enkeleitä. Hänelle oli suotu jokin erityinen suhde enkeleihin. Enkelit ovat olleet hänen vierellä koko elämän ajan. Enkelit ovat ennalta kertoneet tälle naiselle, mitä hänen elämässä tapahtuu ja kaikki toteutuu niin kuin enkelit ovat ennustaneet. Aikuisena tämä nainen uskaltautui kirjoittamaan kirjoja enkelikokemuksistaan. Kyse lienee aivan erityisestä armolahjasta,

joka ei kuulu edes Paavalin luettelemiin armolahjoihin.
Mikkelinpäivän Matteuksen evankeliumissa enkelit eivät kuitenkaan ole pääroolissa vaan lapsilla on sija evankeliumissa. Opetuslapset kysyvät Jeesukselta: "Kuka on suurin taivasten valtakunnassa?" Jeesus asetti lapsen heidän keskelleen ja sanoi: "Totisesti: ellette käänny ja tule lasten kaltaisiksi, te ette pääse taivasten valtakuntaan." Jokainen tietää, että lapsi ilmaisee kaikki tunteensa aidosti. Kerran olin hoitamassa pientä sairastunutta poikaa päivän. Iltapäivällä televisiossa alkoi eräs hengellinen ohjelma. Poika keskeytti leikin ja tuumasi heti minulle: "Jeesus tapettiin ihan oikeasti." Jokainen meistä voi kuvitella tuosta lauseesta, kuinka täydellinen pienen pojan usko on tuossa asiassa. Hän sanoi: "ihan oikeasti" koska uskoi, että kyseessä ei ollut satu eikä leikki. Hän oli varmaan kuullut Jeesuksesta päiväkodissa. Tässä on yksi esimerkki aidosta lapsenuskosta. Uskon lujuudessa meidän aikuisten pitäisi päästä samalle tasolle. Jeesus sanoo: "Se, joka nöyrtyy tämän lapsen kaltaiseksi, on suurin taivasten valtakunnassa."

Usko ja epäusko

Oma kokemus

Joka syksy kirkkojen jumalanpalveluksissa saarnataan aiheesta usko ja epäusko. Kirkollisessa johdantotekstissä sanotaan myös, että usko ja epäusko taistelevat myös jokaisen kristityn sydämessä. Itsellä tuo epäily Jumalasta jäi taakse jo seitsemän vuoden ikäisenä, kun aloitin sen ajan kansakoulun. Muistan, että pitkän aikaa mietin ihan tosissaan, onkohan Jumala olemassa. Keneltäkään en sitä kysellyt vaan halusin itse ratkaista tämän suuren kysymyksen. Kun siihen aikaan liikuttiin paljon luonnossa, niin johtopäätökseni oli, että täytyy olla Jumala, joka on kaiken luonut. Sen valinnan jälkeen en ole hetkeäkään epäillyt Jumalan olemassaoloa. Koulun uskontotunneista tuli kaikkein mielenkiintoisimpia muiden aineiden joukossa. Nähtyäni papin ensimmäisen kerran alttarilla Kangasnimellä joulukirkossa, tuo näky tuntui sadunhohteisen kiehtovalle. Epäusko ei ole tullut mieleen kertaakaan sen jälkeen.

Uskoani on kyllä koeteltu, jos sitä arvioi sen mukaan, minkälaisia käänteitä elämääni on kuulunut. Kun rakennusalan lama vei työn 1990 – luvun alussa eikä mitään ollut näköpiirissä, niin ihmettelin vuosia, eikö Jumala vastaa mihinkään rukouksiin ja anna uutta työtä. Mahdollisuudet olivat todella heiveröiset sen ajan työllisyystilanteessa. Oliko Jumala jotenkin hylännyt minut? Milloinkaan noissa elämäni koettelemuksien vuosina ei kuitenkaan tullut mieleenkään luopua uskostani Jumalaan. Sehän ei olisi mitään auttanut vaan päinvastoin. Jumala oli aina ainut turva kaiken epävarmuuden keskellä.

Jeesus sanoo: ”Pyytäkää, niin teille annetaan, kolkuttakaa, niin teille avataan, etsikää, niin te löydätte.” Sitten lopulta se Jumalan vastaus rukouksiini tuli. Monta vuotta meni mutta lopuksi sain papin ammatin viimeisen kymmenen vuoden ajaksi ennen kuin jäin eläkkeelle. Jumalan vastaus oli paras mahdollinen minun kohdallani. Jos koettelemuksissa olisin luopunut uskosta, en olisi mitenkään voinut valita sitä tietä, joka johti papin ammattiin. ”Usko syntyy kuulemisesta, mutta kuulemisen synnyttää Kristuksen sana.”

Jeesuksen lähettiläät

Ota vastaan

Jeesus sanoo: " Totisesti, totisesti: joka ottaa vastaan sen, jonka minä lähetän, ottaa vastaan minut, ja joka ottaa minut vastaan, ottaa vastaan sen, joka on minut lähettänyt." Näillä sanoilla Jeesus rohkaisi opetuslasiaan tulevaan jaloon ja vaikeaan apostolin tehtävään. Opetuslasten joukko laajeni, tilalle tuli yhä uusia lähettiläitä ja ilosanoma vietiin lopuksi maan ääriin. Nämä rohkeat lähettiläät saivat vielä apostoli Paavalista yhden uskonsoturin lisää. Paavalista tiedämme paljon mutta muut hajaantuivat eri tahoille ja valitettavasti heistä ei ole Apostolien teoissa eikä muuallakaan Raamatussa juuri mitään tietoja. Kristillinen perinne kuitenkin tietää, että he eivät jääneet toimettomaksi. Jokaiselle tuli uusia opetuslasia ja uusia lähettiläitä lähti julistamaan haudasta ylösnoussutta Vapahtajaamme.
Jeesus korostaa vastaanottamisen merkitystä. Tässä ajassa tulee niin paljon vastaanotettavaa tietoa, että vain uskollisimmat tulevat yhä uudelleen vastaanottamaan kirkkoon Jumalan

sanaa ja ehtoollista. Usko pitäisi todella ottaa vastaan, niin vasta silloin siitä olisi hyötyä. Uskosta on hyötyä jo täällä maan päällä eikä vain viimeisellä tuomiolla. Meidän iankaikkinen elämä laitetaan alkuun jo täällä maan päällä vastaanottamalla Raamatun sanoma ja uskomalla, että Jeesus on Jumalan kaikkivaltias poika. Hänellä on valta armahtaa ja pelastaa meistä jokaisen kerran taivaan kotiin. Kuoleman jälkeen, kun jollain tavalla seisomme taivaan portilla, jokaisesta tulee uskova, mutta silloin on liian myöhästä katua ja tehdä parannusta.

Kun halutaan vastaanottaa Jumala, hänen armonsa ja rauhansa, se perustuu siihen, että Vapahtaja kantoi syntimme ja sovitti meidät Jumalan kanssa. Meidän ei tarvitse itse enää yrittää ansaita pelastusta. Koska kyseessä on Jumalan lahja, ei sen saaminen riipu meidän hyvyydestämme tai huonoudestamme. Jos joku kolkuttaa sinun ulko-ovelle, sinä menet ja avaat oven ja otat vastaan vieraan. Jeesus sanoo: ”Minä seison ovella ja kolkutan. Jos joku kuulee minun ääneni ja avaa oven, minä tulen hänen luokseen.”

Uskonpuhdistuksen päivä

Te olette maan suola

Martti Lutherin tarkoitus oli puhdistaa katolinen kirkko sen virheistä kuten esimerkiksi anekaupasta, jolla voitiin ostaa sieluja taivaaseen. Huomaamme tästä heti, kuinka harhautunut kirkon oppi oli siihen aikaan. Kirkon oikean opin säilyttäminen on ollut ja tulee olemaan kristilliselle kirkolle vaikea tehtävä. Maailma nimittäin muuttuu koko ajan kovalla vauhdilla. Luterilaiselle kirkolle eettiset kysymykset ovat monimutkaisempia vastattaviksi kuin joillekin toisille kirkoille kuten esimerkiksi roomalaiskatoliselle kirkolle. Luterilaisessa kirkossa asiat tutkitaan huolellisesti ja lopputuloksena voi olla myös kirkon pitkäaikaisesta perinteestä poikkeava käytäntö, joka nähdään nykytilanteessa oikeaksi ja asianmukaiseksi.

Jeesus nimittää seuraajiaan maan suolaksi ja maailman valoksi. Se on suuri velvollisuus. Uskova ihminen vaikuttaa ympäristöönsä. Suola estää ruokaa pilaantumasta ja Jeesuksen omat antavat tälle maailmalle maun, joka estää kristittyä maailmaa pilaantumasta. Ilman evankeliumin suolaa tämä maailma pilaantuisi. Jeesukselle oli kauhistus se, että suola menettäisi makunsa. Se tarkoittaa sitä, että uskomme muuttuu hajuttomaksi ja mauttomaksi. Pahimmillaan se on sitä, että ihminen menettää kokonaan uskonsa Jumalaan ja ihminen luopuu Kristuksesta. Jos ihmiselle käy näin, ei hän Jeesuksen sanojen mukaan kelpaa enää mihinkään, ei edes Jumalalle.

Lamppuakaan ei ole järkevää panna piiloon, vaan näkyvälle paikalle huoneessa, niin että koko huone on valaistu. "Loistakoon teidänkin valonne ihmisille, jotta he näkisivät teidän hyvät tekonne ja ylistäisivät Isäänne, joka on taivaissa." Hyvät työt on tehtävä näkyvästi, ei siksi että hyvän teon tekijät saisivat siitä suitsutusta, vaan että ihmiset ylistäisivät Jumalaa. Kristitty ei siis ole kiittelyn kohde. Hänen hyvä työnsä on tarkoitettu kirkastamaan Jumalan kunniaa. Uskonpuhdistuksen ydin ei ole ihmisen pyrkimys saavuttaa taivaskelpoisuutta hyvillä teoillansa. Hyvät teot tehdään lähimmäisille, ei Jumalalle. Kun Kristus saa vaikuttaa meihin, me voimme toimia suolana ja valona.

Pyhäinpäivä

Pyhien yhteys

Nähdessään kansanjoukot Jeesus nousi vuorelle. Hän istuutui, ja opetuslapset tulivat hänen luokseen. Silloin hän alkoi puhua ja opetti heitä näin: "Autuaita ovat hengessään köyhät, sillä heidän on taivasten valtakunta. Autuaita murheelliset: he saavat lohdutuksen. Autuaita kärsivälliset: he perivät maan. Autuaita ne, joilla on vanhurskauden nälkä ja jano: heidät ravitaan. Autuaita ne, jotka toisia armahtavat: heidät armahdetaan. Autuaita puhdassydämiset: he saavat nähdä Jumalan. Autuaita rauhantekijät: he saavat Jumalan lapsen nimen. Autuaita ovat ne, joita vanhurskauden vuoksi vainotaan: heidän on taivasten valtakunta. Autuaita olette te, kun teitä minun tähteni herjataan ja vainotaan ja kun teistä valheellisesti puhutaan kaikkea pahaa. Iloitkaa ja riemuitkaa, sillä palkka, jonka te taivaissa saatte, on suuri. Niinhän vainottiin profeettojakin, jotka elivät ennen teitä.

Pyhäinpäivään kuuluu Vuorisaarna ja sitä tarkastellen haluamme saada lohtua suruumme, kun muistamme edesmenneitä omaisiamme. Vuosisaarnassa Jeesus sanoo yhdeksän kertaa, ketkä ovat autuaita. Tällä hän ei tarkoita välttämättä kristillisten hyveiden luetteloimista. Pikemminkin tämä on eräänlainen Jeesuksen ohjelmajulistus, josta käy ilmi Jumalan puuttuminen murheellisten ja muilla tavoin syrjittyjen elämään.

Juuri nämä hengellisesti köyhät ja maallisesti väheksytyt Jumala siis ottaa valtakuntaansa ja heille Jeesus lupaa lohdutuksen jo tässä ajassa. Ne jotka panevat kaiken toivonsa Jumalan sanan varaan, voivat kärsiä murhetta ja vaivaa, koska Jumala antaa heille siihen voiman. Autuas on se, joka voi kantaa suuriakin huolia ilman, että hänen mielenrauha järkkyy. Tämä ei ole mahdollista vain Jumalan Sanan avulla. Mikään muu filosofia tai muu viisaus ei hoida kärsivän ihmisen taakkaa.

Lopussa Jeesus kehottaa iloitsemaan ja riemuitsemaan, sillä palkka on suuri. Se palkka on osa taivaan kodissa, jonne olemme matkalla. Kaikki nämä köyhät ja väheksytyt, joista Jeesus puhuu vuorisaarnassaan, Jumala siis ottaa lopulta valtakuntaansa. Hänen valtakunnassa he saavat lohdutuksen, siellä heidät ravitaan ja siellä he saavat nähdä Jumalan.

Kahden valtakunnan kansalaisena

Oi ihminen etkö muistakaan

Valtiota ei ole rakennettu evankeliumin varaan, vaan lain perustalle. Sen on mahdotonta olla virheetön, yhtä vähän kuin kristitynkään on mahdoton olla synnitön. Kristitty on maailmassa ja hänellä on valtion kansalaisen velvollisuudet. Tämä kaksinkertainen kansalaisuus saa aikaan, että kristityillä voi olla kaksinkertaisia kansalaisvelvollisuuksia. Kristitty on todellisuudessa taivaan kansalainen ja tämä maanpäällinen elämä on vai käymäpaikka. Muistamme tämän yleensä sitä paremmin, mitä vanhempia olemme.

Virren sanoilla meitä muistutetaan: ”Oi etkö, ihminen, muistakaan: on lahjaa aikasi päällä maan ja joka askele matkalla vie kohti päivies loppua.” Teemme pitkän elämänmatkan täällä näkyvässä maailmassa kahden valtakunnan kansalaisia. Meidän ajatuksemme ovat tavallisesti tässä maailmassa liiankin paljon kiinni. Helposti eksymme taivastieltä ja yritämme turhaan rakentaa omaa taivastamme tänne maan päälle. Olisiko taas tämän virren viisaus unohtunut: "Siis kuule kutsua Luojasi ja oikein käytä sun aikasi. Kun vielä päivä on autuuden, se käytä Herraasi palvellen."

On suuri vahinko, että kristillinen kansamme tapana on vaieta Jumalasta. Vaikka olemme pohjimmiltamme varsin uskovaisia, niin kansanluonteemme tapana on pitää usko yksityisasiana, ikään kuin oikeastaan ei oltaisikaan uskovia. Uskon takia pelätään leimautumista, sitä että jää pilkatuksi tai syrjityksi työssään tai muualla. Tämä on taas yksi merkki siitä, että olemme kahden maan kansalaisia. "Jo kohta Kristus on saapuva ja tuomiollensa kutsuva. Kun päättyy aika, hän voimallaan luo uudet taivaat ja uuden maan. Oi Herra, lyhyt on aikani, tee armos minulle kalliiksi, niin että päivänä tuomion sun luokses pääsisin ilohon."

Näin virren 433 sanoittaja Sakarias Topelius päättää virtensä. Siinä on sanottu maallisen matkan tavoite päästä ensimmäisestä valtakunnasta toiseen valtakuntaan. Uskova luottaa Vapahtajan pelastukseen ja siihen, että hänen armostaan meillä on koti taivaassa, jossa ei ole enää sairautta eikä kuolemaa vaan iankaikkinen ilo.

Valvomisen sunnuntai

Valvokaa

"Mutta sitä päivää ja hetkeä ei tiedä kukaan, eivät taivaan enkelit eikä edes Poika, sen tietää vain Isä. Kaksi miestä on pellolla: toinen otetaan, toinen jätetään. Kaksi naista on jauhamassa viljaa: toinen otetaan, toinen jätetään. Valvokaa siis, sillä te ette tiedä, minä päivänä teidän Herranne tulee. Olkaa siis tekin valmiit, sillä Ihmisen Poika tulee hetkellä, jota ette aavista."

Jeesus viittaa näissä sanoissaan ehdottomaan takarajaan, joka on hänen toinen tuleminen. Vähän ennen näitä Matteuksen evankeliumin lauseita Jeesus itse käyttää tuosta hetkestä seuraavia kuvauksia: ... aurinko pimenee eikä kuu anna valoaan. ... taivaiden voimat järkkyvät ... Kaikki maan sukukunnat ... näkevät Ihmisen Pojan tulevan ... suuressa voimassaan ja kirkkaudessaan ... hän lähettää enkelinsä neljälle ilmansuunnalle kokoamaan kaikkialta, maan kaikista ääristä ne, jotka hän on valinnut. Nämä ovat ne varmat maailmanlopun merkit.

Tuolla viimeisellä hetkellä on ehdottomasti liian myöhäistä alkaa pohtimaan uskon asioita, koska tuona viimeisenä hetkenä tehdään jo ratkaisut, kuka otetaan ja kuka jätetään. Ei enää auta, jos varmojen merkkien ilmaantuessa teemme päätöksen: nythän minä uskon, kun kerran näen omin silmin. Kautta aikojen ihmisten mieliä on kiehtonut, milloin Jeesuksen toinen tuleminen tapahtuu. En näe syytä tehdä arvioita millään maailmanlopun merkillä, epidemioilla, terrorismilla, katastrofeilla, maagisilla vuosiluvuilla tai muilla vastaavilla merkeillä, kun näitä kaikkia maailmassa on aina ollut.

Meitä kiinnostaa, ennätämmekö kuolla ennen viimeistä päivää. Itse en tahtoisi olla näkemässä noin pelottavia tapahtumia, jotka tapahtuvat viimeisen päivän koittaessa. Minusta kaikkein vakavin ihmisen ja ihmiskunnan virhe on laiminlyödä Jumalan sana ja Jumalan tahto, minkä Jeesus on meille ilmoittanut. Sillä asialla ei kannata koetella Jumalan kärsivällisyyttä. Se tarkoittaa juuri evankeliumin sanoilla sitä, että emme valvo. Eli toisilla sanoilla sanottuna se tarkoittaa, että emme elä uskossa. Tämä on nimenomaan valvomisen sunnuntain evankeliumin vakava varoitus meille.

Tuomiosunnuntai

Kristus kaikkeuden Herra

Tuomisunnuntain evankeliumissa Jeesus puhuu hänen toisesta tulemisesta ja sitä seuraavasta viimeisestä tuomiosta. Matteuksen evankeliumin luvussa kaksikymmentäviisi on pitkä kuvaus viimeisestä tuomiosta. Koska Jeesus on kokenut ihmisen osan, Jumala on antanut Jeesukselle kaiken tuomiovallan viimeisellä tuomiolla. Sen tähden tuomarina on Kristus, kaikkeuden Herra, josta evankeliumi käyttää nimitystä kuningas. Hänen eteensä kootaan kaikki niin idästä kuin lännestä, etelästä ja pohjoisesta. Siellä ovat sinä päivänä myös ne, jotka tänään kieltävät hänen olemassaolonsa.

Jeesuksen sanojen mukaan ne pelastuvat, jotka ovat antaneet hänelle apua. Hän käyttää vertausta siitä, kuinka hänellä oli jano, nälkä, hän oli koditon alaston ja kuinka hänen sairastaessa häntä kävivät katsomassa ne, jotka auttoivat edellä mainituissa asioissa. Jeesus ei kirjaimellisesti itse kokenut kaikkea tätä kuin ehkä satunnaisesti. Hän selittää kuvaustaan niin, että kuvauksen kärsivä Jeesus, jolla on nuo kaikki puutteet, kohdataankin kärsivässä lähimmäisessä, "vähäisessä veljessä."

Kaikki mitä teemme tai jätämme tekemättä läheisillemme, toisille kristityille veljille ja sisarille, se kohdistuu siis aina myös Kristukseen. Jeesus sanoi: "Totisesti: kaiken, minkä te olette tehneet yhdelle näistä vähäisimmistä veljistäni, sen te olette tehneet minulle." Seurakunta on Kristuksen ruumis. Kaikki mitä tapahtuu tämän ruumiin jäsenille, koskee Kristusta itseään. Siksi hän muistaa, mitä olemme tehneet ja mitä jättäneet tekemättä.

Hyvät työt ovat siten jumalasuhteen ulkoinen ilmenemismuoto. Siinä mielessä meidät todella armahdetaan tekojemme mukaan. On kuitenkin huomattava, etteivät nämä teot tule ennen pelastusta, vaan sen seurauksena. Meidät pelastaa Jumalan armo, joka voidaan ottaa vastaan vain uskon kautta Kristukseen. Meidän on syytä miettiä, mitä voimme tehdä, että Jumalan pelastava evankeliumi, hyvä sanoma, olisi kaikkien saatavilla ja että Kristuksen rakkauden teot voisivat meidän välityksellämme saavuttaa myös vähäisimmät lähimmäisemme.

I Adventtisunnuntai

Kuninkaasi tulee nöyränä

Adventin tapahtumat alkavat Öljymäeltä, joka tarkoittaa tarkemmin sanottuna vuorta, jossa kasvaa oliivipuita. Evankeliumissa korostuu Jeesuksen nöyryys. Hän halusi osoittaa sen ratsastamalla vaatimattomasti aasilla. Nöyryydessä antoi meille esikuvan ja sillä on aivan ratkaiseva merkitys meidän uskossamme. Muistamme Pietarin sanan: "Jumala on ylpeitä vastaan, mutta nöyrille hän antaa armon." Nöyrtykää siis Jumalan väkevän käden alle, että hän ajallaan teidät korottaisi."

Nöyryys on tärkeä siksi, että vain nöyrä sydän voi vastaanottaa uskon. Nöyryyteen kasvaminen tapahtuu luopumalla itsekkyydestä ja väärästä kunnianhimosta. Joskus se voi merkitä sellaisia elämänkäänteitä, jotka eivät aina ole mieleen ja joita ei voi ymmärtää. Sellaisia käänteitä voivat olla vaikka sairaus, työttömyys tai jokin vastaava epäonni. Kukaan ei ehkä luonnostaan halua kouluttaa itseään nöyräksi, koska se on meidän ylpeää ihmisluontoamme vastaan. Nöyryys ei ole erityisen vetovoimainen ominaisuus tänä päivänä. Ihmiset arvostavat ja ilmentävät ulkoista suuruutta ja näyttävyyttä, sekä omia saavutuksia. Tämä aika ja maallinen työelämä vaativat ihan muuta kuin nöyryyttä. Sen tähden on suuri vaara, että varsinkin työikäinen väestö etääntyy yhä kauemmaksi Jumalan sanasta.

Moni meistä on ehkä tavannutkin todella nöyriä uskovia lähimmäisiä, joissa Kristuksen valo näyttää loistavan. Nöyrissä kristityissä toteutuu Paavalin lause: "Enää en elä minä, vaan Kristus elää minussa." Nöyryys merkitsee lopultakin oman itsekeskeisen elämän ja sen erillisyyden kadottamista ja Kristuskeskeisen elämän löytämistä. Kehotus kuuluukin: "Ottakaa minun ikeeni harteillenne ja katsokaa minua: minä olen sydämeltäni lempeä ja nöyrä. Näin teidän sielunne löytää levon."

Tästä oikeasta kristillisestä nöyryydestä kuninkaitten kuningas antaa meille adventin sanomassa esimerkin. Raamatun sanomassa Jeesukseen on totuttu yhdistämään: kärsivällisyys, sävyisyys, lempeys ja nöyryys. Hän ei ollut ylpeä vaan hänen opetuksistaan käy nimenomaan ilmi se, että nöyrät perivät taivaan.

II Adventtisunnuntai

Kuninkaasi tulee kunniassa

Toisen adventtisunnuntain aiheena on Kristuksen tuleminen kunniassaan aikojen lopulla, joka on tapahtuva suurella loistolla ja majesteetilla. Jeesus sanoi: ”Auringossa, kuussa ja tähdissä näkyy merkkejä. Meren aallot pauhaavat jylisten, ja maan päällä ovat kansat ahdistuksen ja epätoivon vallassa. Kaikki lamaantuvat pelosta odottaessaan sitä, mikä on kohtaava ihmiskuntaa, sillä taivaiden voimat järkkyvät. Silloin nähdään Ihmisen Pojan tulevan pilven päällä suuressa voimassaan ja kirkkaudessaan. Kun nuo tapahtumat alkavat, nostakaa rohkeasti päänne pystyyn, sillä teidän vapautuksenne on lähellä.”

Hän esitti heille myös vertauksen: ”Katsokaa viikunapuuta, tai mitä puuta tahansa. Kun näette sen puhkeavan lehteen, te tiedätte ilman muuta, että kesä on jo lähellä. Samalla tavoin te nähdessänne tämän tapahtuvan tiedätte, että Jumalan valtakunta on lähellä. Totisesti: tämä sukupolvi ei katoa ennen kuin kaikki tämä tapahtuu. Taivas ja maa katoavat, mutta minun sanani eivät katoa."

Lopunaikojen ja Jeesuksen paluun odottaminen on myöhemmin kirkon ja ihmiskunnan historiassa vaihdellut. Jeesuksen aikalaiset odottivat Jeesuksen uutta tulemista heidän elinaikana. Siihen Jeesus viittaa edellisessä Luukkaan evankeliumin luvussa. Näin ei kuitenkaan tapahtunut. Sen vuoksi on uskottava Jeesuksen sanoja toisaalla Raamatussa. "Sen päivän tietää yksin Isä. Jumalan valtakunta ei ole täällä tai tuolla. Sen tulemista ei voi tarkkailla", sanoo Jeesus. "Ei Jumalan valtakunta tule niin, että sen tulemista voidaan tarkkailla. Eikä voida sanoa: se on täällä tai tuolla. Katsokaa, Jumalan valtakunta on teidän keskellänne."

Jeesus Kristus, Herramme ja Vapahtajamme, läpi vuosisatojen kaikuu viesti sinun tulostasi. Anna meille rohkeutta ja kestävyyttä elää luottaen sinuun ja siihen todellisuuteen, mikä ei vielä näy. Auta meitä pysymään valveilla ja rukoilemaan, niin että olemme valmiina, kun tulet kirkkaudessasi. Sinulle olkoon ylistys ikuisesti.

Itsenäisyyspäivä

Kiitos isänmaasta

Kiittäkäämme Jumalaa maamme vapaudesta ja itsenäisyydestä sekä niistä ihmisistä, jotka ovat sen meille taistelleet. Kiitämme myös kirkosta ja Jumalan Sanasta. Me olemme kaikki jatkaneet isiemme ja äitiemme työtä omalla tahollamme. Olemme kaikki tahtoneet tehdä työtä maamme ja lähimmäistemme hyväksi. Me suomalaiset olemmekin päässeet pitkälle.

Me kuitenkin totumme aina sitä mukaa parempiin olosuhteisiin ja emme edes aina huomaa isänmaamme arvoa. On hyvä, että itsenäisyyspäivän aikoihin ainakin kerran vuodessa kiitämme meitä edeltäviä sukupolvia heidän panoksestaan ja uhrauksistaan. Ja ennen kaikkea meidän tulee joka päivä muistaa, kuka meille antaa kaiken. Mooses sanoi israelilaisille: ”Kun syötte itsenne kylläisiksi, kiittäkää Herraa, Jumalaanne, siitä hyvästä maasta, jonka hän on teille antanut. Varokaa unohtamasta Herraa, Jumalaanne. Noudattakaa aina hänen käskyjään, lakejaan ja säädöksiään."

Emme me kansakuntana ole aina totelleet hänen käskyjään, lakejaan ja säädöksiään niin pitäisi. Ihan kaikki ei ole kiitettävää, sillä kaikki lähimmäisemme eivät saa syödä kylläiseksi itseään. Siitä meitä muistuttavat leipäjonot, jotka näköjään tulivat jäädäkseen. Valitettavasti nuo jonot ovat usein kaupungin reunamilla, hiukan syrjässä ja siksi niistä ei edes tiedetä eikä niistä oikeastaan enää edes välitetä. Ensimmäisen Johanneksen kirjeen luvusta kolme: "Jos joku, jonka toimeentulo on turvattu, näkee veljensä kärsivän puutetta mutta sulkee häneltä sydämensä, kuinka Jumalan rakkaus voisi pysyä hänessä? Lapseni, älkäämme rakastako sanoin ja puheessa, vaan teoin ja totuudessa."

Raha sanelee ihmiskohtaloita ja elämänmenoa. Edelleen samasta Johanneksen kirjeestä: "Älkää rakastako maailmaa, älkää sitä, mikä maailmassa on. Jos joku rakastaa maailmaa, Isän rakkaudella ei ole hänessä sijaa. Sillä mitä kaikkea maailmassa onkin, ruumiin halut, silmien pyyteet ja mahtaileva elämä, se kaikki on maailmasta, ei Isästä."

III Adventtisunnuntai

Tehkää tie Kuninkaalle

Adventin aika on jouluun valmistautumisen aikaa. Kolmannen adventtisunnuntain raamatullinen keskushenkilö on Johannes Kastaja. Hän julistaa meille: tehkää tie Kuninkaalle. Johannes Kastaja on viimeinen vanhan liiton ja ensimmäinen uuden liiton profeetta. Jeesus sanoi, että hän oli suuri naisista syntyneiden joukossa. Jumala kutsui hänet tehtäväänsä jo äitinsä kohdussa. Johanneksen työ oli profeetta Elian tehtävän jatkoa ja tehtävänä oli valmistaa tietä Jumalan Pojalle. Johannes Kastajasta on sanottu: hän oli ääni, mutta en sana, hän oli soihtu, mutta ei valo. Me muistamme hyvin tämän tulisen saarnaajan ja hänen ankarat elämäntavat: Johanneksella oli puku kamelinkarvoista ja vyötäisillään nahkavyö; ja hänen ruokanaan olivat heinäsirkat ja metsähunaja.

Meidän adventin aika menee erilailla kuin tämän erämaassa viihtyvän tulisieluisen profeetan elämä. Me emme voi ihan suoraan soveltaa Johanneksen elämäntapaa omaan elämäämme. Ei meidän tarvitse kieltäytyä jouluun liittyvästä aineellisesta hyvästä. Johannes Kastajan jälkeen ei tarvita enää tekoja sen takia, että pelastuisi. Lahjojen antamisella me haluamme osoittaa lähimmäisenrakkautta läheisiämme kohtaan. Varsinkin lapsen jouluiloon kuuluu ilman muuta lahjojen saaminen. Tämä kuuluu meidän elämään, kunhan emme unohda sitä, mikä joulussa on kaikkein tärkeintä.

Jeesus Kristus on vapauttanut meidät syntitaakastamme. Tämä on tuttua jokaiselle, joka pitää Jumalan Sanasta kiinni muulloinkin kuin adventtina ja jouluna. Jeesus vapauttaa meidät myös jo täällä maallisella taipaleella. Meillä jokaisella on huolia ja kuormia kannettavana ja joskus joudumme raahaamaan painavaa ristiä joko omista tai läheisten asioista. Yhä lisääntyvät huolet uutisissa panevat meidät ajattelemaan, minkälaisessa maailmassa lapsemme ja heidän lapset elävät. Mitä vanhemmaksi tulemme, sitä suurempi huoli meille tulee omasta terveydestä, minkälaiset ovat viimeiset vuotemme. Jättäkäämme kaikki huolemme rukouksin hänen haltuun, niin saamme aidon jouluilon.

IV Adventtisunnuntai

Neitseestä syntyminen

Joulua edeltävällä viikolla jumalanpalveluksen aiheena on Neitsyt Maria. Kun joulu lähestyy, niin usein on käynyt niin, että uskoon liittyviä ilmiöitä innostutaan kritisoimaan. Joku on huomannut, että joulu ei alun perin ollut kristillinen juhla vaan pakanajuhla Saturnus jumalalle. Raamattu eikä kirkko missään eikä milloinkaan väitäkään, että Jeesus syntyi tarkasti sen ajan jouluna. Jeesuksen syntymäjuhla sijoitettiin entiseen pakanajuhlaan sen jälkeen, kun kristinusko sai virallisen aseman. Tämä joulun kristillistäminen tapahtui vasta noin kolmesataa vuotta Jeesuksen jälkeen. On luontevaa ja tärkeää juhlia myös Vapahtajamme Jeesuksen syntymää, koska muistamme hänen sovitustaan pääsiäisenä.
Neitseestä syntyminen ja sikiäminen Pyhästä Hengestä on aina ollut ja tulee olemaan kiistelyjen aiheena. Neitseestäsyntyminen on yksi uskon kulmakivi, joka jakaa maailman siihen uskoviin, kieltäjiin ja myös epäilijöihin. Neitseestäsyntymisen kieltäjät vetoavat tieteelli-

sin perustein siihen, että se on mahdottomuus luomakunnassa. Silloin tieteen tulokset ja Raamatun sana koetaan vastakohdiksi, joista vain toinen voi olla totta. Näin mustavalkoinen maailma ei kuitenkaan ole, sillä usko ei ole tiedon vastakohta. Tiedon vastakohta on tietämättömyys ja uskon vastakohta on epäusko.

Neitseestäsyntymisen epäilijät saattavat perustella kantaansa siihen, että Jumala olisi tavallaan ottanut Jeesuksen pojakseen hänen kasteella Jordan virrassa. ”Tämä on minun rakas Poikani, johon minä olen mielistynyt.” Tämä voi saattaa jotkut epäilevälle kannalle. Se mahdollistaisi epäilyn, että Jumala tavallaan adoptoi Jeesuksen vasta Jordan virralla Pojakseen. Tähän uskominen tekisi valheelliseksi monet Raamatunkohdat joissa todetaan, että Jeesus tuli Isän luota. Raamattu ei puhu meille, että Isä loi Pojan, vaan Poika oli jo alussa olemassa. Poika loi Isänsä kanssa koko luomakunnan, taivaassa olevat enkelit ja kaiken mitä on maan päällä. Erityisesti Johanneksen evankeliumi korostaa nimenomaan tätä: Alussa oli Sana, ja Sana oli Jumalan tykönä, ja Sana oli Jumala. Sana tarkoittaa Jeesusta.

Jouluaatto

Lupaukset täyttyvät

Jumala tarjoaa jouluna evankeliumin sanomassa rauhaa ja pelastusta koko maailmalle. Luukkaan jouluevankeliumi on Jumalan ikuista sanaa kaikille kansoille sukupolvesta toiseen. Enkelijoukko sanoi tekstin lopussa: Jumalan on kunnia korkeuksissa, maan päällä rauha ihmisillä, joita hän rakastaa. Tämä on Jumalan tahto mutta maailman jatkuvat sodat ja kriisit osoittavat, että Jumalan tahtoa ei noudateta eikä häneen uskota. Jumalan rauhantarjous ei kelpaa kaikille kansoille eikä kaikille ihmisille. Evankeliumissa joulun lupaukset toteutuivat. Ensimmäisen lupauksen Jesaja sanoi jo seitsemänsataa vuotta ennen Jeesuksen syntymä. Katso, neitsyt tulee raskaaksi ja synnyttää pojan ja antaa hänelle nimen Immanuel. Joosef ja Maria molemmat saivat myös omat ilmoitukset enkeliltä. Marialle Jumala sanoi näin: Ja katso, sinä tulet raskaaksi ja synnytät pojan, ja sinun on annettava hänelle nimi Jeesus. Näiden kahden ennustuksen välissä on vuosisatoja ja kuitenkin niiden asia on täsmälleen

sama ja nämä profetiat toteutuivat sanantarkasti. Näin käy vain niissä profetioissa, joiden takana on itse Jumala.
Jumala katsoi hyväksi luoda puitteet Poikansa syntymiselle keisari Augustuksen aikaan, jolloin rauha vallitsi pari sataa vuotta. Näin evankeliumin leviämiselle oli hyvät ja rauhanomaiset puitteet vielä kauan apostolinen ja Paavalin jälkeen. Pakanauskontoa edustanut Keisari Augustus ei tiennyt, että verollepanolla hän palveli Jumalan suunnitelmaa. Tästä voimme taas ottaa esimerkin, kuinka lupaukset täyttyvät. Profeetta Miika oli kirjoittanut: Mutta sinä, Beetlehem, joka olet vähäinen olemaan Juudan sukujen joukossa, sinusta minulle tulee se, joka on oleva hallitsija Israelissa, jonka alkuperä on muinaisuudesta, iankaikkisista ajoista. Näin profeetan ennustus toteutui, kun profeetta Miika kertoi tarkasti Vapahtajan syntymäpaikan. Martti Luther selittää jouluevankeliumia ja Vapahtajan merkitystä näin: ”Siitä syystä jouluevankeliumia vuosittain saarnataan, että kaikki ihmiset sen mieleensä painaisivat ja kiittäisivät Jumalaa sanoen: Ei ole minulla mitään hätää, minulla on taivaassa Jumalan Poika veljenä.”

Jouluaamu

Nyt Betlehemiin

Enkeli ilmoitti paimenille: "Älkää peljätkö, minä ilmoitan teille suuren ilon. Teille on syntynyt Vapahtaja." Kun enkelit olivat menneet takaisin taivaaseen, paimenet sanoivat toisilleen: "Nyt Betlehemiin! Siellä me näemme sen, mitä on tapahtunut, sen, minkä Herra meille ilmoitti." He lähtivät kiireesti ja löysivät Marian ja Joosefin ja lapsen, joka makasi seimessä. Tämän nähdessään he kertoivat, mitä heille oli lapsesta sanottu. Kaikki, jotka kuulivat paimenten sanat, olivat ihmeissään. Paimenet palasivat kiittäen ja ylistäen Jumalaa siitä, mitä olivat kuulleet ja nähneet. Kaikki oli juuri niin kuin heille oli sanottu."

Jos asia olisi jäänyt vain Joosefin ja Marian enkelikokemuksen varaan, niin kuka heitä olisi ajan mittaan uskonut. Mutta monen enkelin voimalla tämä joulun suuri sanoma ilmoitettiin tälle paimenten joukolle, joiden lukumäärääkään emme tiedä. Joka tapauksessa paimenia oli monta samoin kuin enkeleitä. Jos taas kyse olisi ollut vain yhden ihmisen näystä, sillä ei olisi ollut suurta todistusvoimaa. Näin luotettavasti Jumala suunnitteli ilmoituksestaan Poikansa tulosta ihmiseksi. Jumala ilmoitti suunnitelmastaan suurella majesteettisella voimalla. Nyt Jumala ilmoitti Vapahtajan syntymästä. Hän sovitti syntimme, hän on meidän ja Pyhän Jumalan välissä. Jeesus tietää ihmisen osan. Hän tietää, että emme pysty elämään synnittömästi. Hän antaa anteeksi, jos me häneen panemme toivomme ja uskomme.

Tämä ilmoitus Vapahtajasta oli se ilosanoma, jonka enkelit jouluyönä julistivat ja johon ylistykseen enkelikuoro, se taivaallinen sotajoukko, yhtyi: Jumalan on kunnia korkeuksissa, maan päällä rauha ihmisillä, joita hän rakastaa. Ennen kuin Jeesus oli syntynyt, oli kaikki maailmassa aivan toisin kuin nyt. Ennen Jeesusta ei maailmassa ole ollut muuta kuin epäjumalanpalvelusta. Tästä ainut poikkeus oli Jumalan valittu kansa, Israel, joka uskoi Jumalan ilmoittamaan Vanhaan testamenttiin vaikka välillä aina lankesi. Jumala ei säästänyt ainoata poikaansa, vaan antoi hänet meidän tähtemme syntyä ihmiseksi. Tämän pitäisi herättää meidätkin antamaan kunnian Jumalalle korkeuksissa.

Joulupäivä

Sana tuli lihaksi

Alussa oli Sana. Sana oli Jumalan luona, ja Sana oli Jumala. Jo alussa Sana oli Jumalan luona. Kaikki syntyi Sanan voimalla. Mikään, mikä on syntynyt, ei ole syntynyt ilman häntä. Hänessä oli elämä, ja elämä oli ihmisten valo. Valo loistaa pimeydessä, pimeys ei ole saanut sitä valtaansa. Sana tuli lihaksi ja asui meidän keskellämme. Me saimme katsella hänen kirkkauttaan, kirkkautta, jonka Isä ainoalle Pojalle antaa. Hän oli täynnä armoa ja totuutta. Näin kirjoittaa Johannes ja teksti luetaan joulupäivänä kirkoissa.

Mikä tämä Sana nyt on, mistä puhutaan? Jos Sana on ollut olemassa ennen kaikkia luotuja, ja jos kaikki luodut ovat saaneet syntynsä ja luodut juuri sen kautta, niin Sanan täytyy olemukseltaan olla toista kuin luodut. Se ei ole saanut syntyänsä eikä luotu niin kuin luomakunta, sen täytyy siis olla iankaikkinen, eikä sillä ole mitään alkua. Jumalan olemassaololla ei ole alkua, hän kun on iankaikkinen. Niinpä on myöskin Sana iankaikkinen, koska se ei ole saanut syntyänsä alussa, vaan oli alussa, niin kuin evankelista Johannes tässä sanoi. Senpä tähden Sana ei voi olla mikään muut kuin Jumalan Poika, Jeesus Kristus, Vapahtajamme. Jeesuksen todellinen elämä ei siis alkanut Betlehemissä vaan hän on ollut iankaikkisesti ja ennen maailman luomista. Mutta Jeesuksen elämä ihmisenä tietenkin alkoi jouluevankeliumin mukaan.

Evankelista tarkoittaa aivan yksinkertaisesti sitä, että Kristus on elämän lähde ja alku, että kaikki se mikä elää, elää hänestä, hänen kauttansa ja hänessä, ja että hänen ulkopuolellansa ei ole mitään elämää. Kristushan itse sanoo: ”Minä olen tie, totuus ja elämä.”

Seuraavaksi Johannes kuvailee maailman pimeyteen tullutta uutta elämää valolla: ”Elämä oli ihmisten valo.” Siten hän epäilemättä osoittaa puhuvansa siitä elämästä ja valosta jonka Kristus itse kauttansa ihmisille antaa. Tällä valolla on siis ymmärrettävä sitä valkeutta, jonka Kristus maan päällä eläessään ilmaisi maailmalle. Tästä teemme sen johtopäätöksen, että ihmisellä ei ole mitään muuta valkeutta kuin Kristus, jouluna ihmiseksi tullut Jumalan Poika.

Viattomien lasten päivä

Jeesus pakolaisena

Joulunpyhien jälkeen on viattomien lasten päivä, joka tavallisesti jää huomaamatta joulun ja uuden vuoden välissä. Viattomista lapsista minulle tulee mielikuva, kun kesällä menen kahvikupin kanssa parvekkeelle. Kerrosta alempana viidenkymmen metrin päässä on päiväkoti ja lasten leikkipiha. Kaksi riippukeinua eivät koskaan pysähdy. Hiekkalaatikolla puolestaan on käynnissä loputon työmaa, kun kymmenisen lasta leikkii päiväkodin pihalla. Tulen hyvälle mielelle, kun näen leikkivät lapset. Heidän joukossa on muutama tummaihoinen lapsi.

Pakolaislapset muistuttavat viattomien lasten tämän päivän raamatuntekstistä. Siinä kerrotaan, kuinka Herodes mestautti kaikki alle kaksivuotiaat lapset. Hän pelkäsi, että Jeesus lapsi syrjäyttäisi hänet valtaistuimeltaan. Jeesus oli päässyt Joosefin ja Marian kanssa pakoon Egyptiin, kun enkeli varoitti vanhempia. Toinen samanlainen julma esimerkki löytyy Vanhan testamentin puolelta, jossa Egyptin farao käski heittämään Niilin virtaan israelilaisten lapsia. Faraon tytär pelasti Mooseksen. Murheellista on, että samankaltaiset tapahtumat toistuvat edelleen eri muodossa. Miljoonat viattomat lapset ovat pakosalla sotia ja terrorismia eikä loppua näy. Rukoilkaamme viattomien lasten puolesta päivänrukous.

Armollinen Jumala. Sinä pelastit Mooseslapsen hukkumasta Niilin virtaan, mutta monet muut heitettiin siihen. Sinä varjelit oman Poikasi kuningas Herodeksen miekalta, mutta monet muut kokivat surman kauhut. Me emme ymmärrä, miksi syyttömät lapset joutuvat kärsimään, meitä viiltää vanhempien tuska ja valitus. Auta meitä puolustamaan sanoin ja teoin lapsen elämää ja oikeuksia. Anna lasten syntyä ja elää luomistyösi lahjana ja saada joka kodissa osakseen rakkautta ja hoivaa. Kiitos siitä, että Poikasi syntymässä ja elämässä osoitat sen rakkauden voiman, joka murtaa kovuuden ja raivaa tietä hyvyydelle. Kuule meitä Herramme Jeesuksen Kristuksen tähden.

Siunatkoon sinua kaikkivaltias Isä, Poika ja pyhä Henki!

Sisällysluettelo

Kustantaja: BoD – Books on Demand, Helsinki, Suomi
Valmistaja: BoD – Books on Demand, Norderstedt, Saksa

ISBN: 9789528017868

FSC
www.fsc.org
MIX
Paperi vastuullisista lähteistä
Paper from responsible sources
FSC® C105338